Ivan Koesjnir

Economie van Zuid-Europa

Serie "Economie in landen"

eerst gepubliceerd: 2021
laatst bijgewerkt: 2021-02-02

Ivan Koesjnir. Economie van Zuid-Europa. Serie "Economie in landen". - 2021. - 71 pages.

Dit boek over de economie van Zuid-Europa van de jaren 1970 tot de jaren 2010. Brongegevens uit UN Data.

Grootte. In de jaren 2010 was het bruto binnenlands product van Zuid-Europa gelijk aan US$4,1 biljoen per jaar; de waarde van de landbouw was US$99,7 miljard; de waarde van de industrie was US$654,8 miljard.

Productiviteit. In de jaren 2010 bedroeg het bruto binnenlands product per hoofd van de bevolking $26.717,0, de waarde van de landbouw per hoofd $652,0, de waarde van de industrie per hoofd $4.280,5. Omdat de productiviteit tussen het gemiddelde en het gemiddelde boven het gemiddelde ligt, wordt de economie geclassificeerd als ontwikkeld.

Groei. In de jaren 2010 bedroeg de groei van het bruto binnenlands product 0,48%; de groei van de landbouw was 0,93%; de groei van de industrie was 0,77%.

Structuur. In de jaren 2010 omvatte de economie van Zuid-Europa: diensten (48,3%), industrie (17,9%), handel (16,8%), transport (9,0%), constructie (5,3%) en landbouw (2,7%).

Uitvoer en invoer. In de jaren 2010 was de uitvoer 3,7% hoger dan de invoer, de netto-uitvoer was gelijk aan 1,2% van het BBP.

Consumptie en reproductie. De houding van reproductie ten opzichte van de consumptie is niet beter dan het mondiale gemiddelde, dus het aandeel van het BBP in de wereld zal niet toenemen.

Serie "Economie in landen": parallel.page.link/nl

ISBN: 9798701849189

Inhoud

Part I. Grootte

	de jaren 2010
BBP	US$4,1 biljoen
Het aandeel in de wereld	5,3%
Het aandeel in Europa	19,5%

Hoofdstuk I. Bruto binnenlands product

Het bruto binnenlands product van Zuid-Europa steeg van US$407,2 miljard per jaar in de jaren 1970 tot US$4,1 biljoen per jaar in de jaren 2010, dat wil zeggen met US$3,7 biljoen of 10,0 keer. De verandering vond plaats op US$3,3 biljoen als gevolg van een 4,9-voudige stijging van de prijzen, en ook op US$362,7 miljard als gevolg van een 1,8-voudige toename van de productiviteit, evenals op US$62,7 miljard als gevolg van de toename van de bevolking. De gemiddelde jaarlijkse groei van het bruto binnenlands product is 2,0%. De minimumwaarde van het bruto binnenlands product bedroeg US$192,9 miljard in 1970. De maximumwaarde van het bruto binnenlands product bedroeg US$4,9 biljoen in 2008.

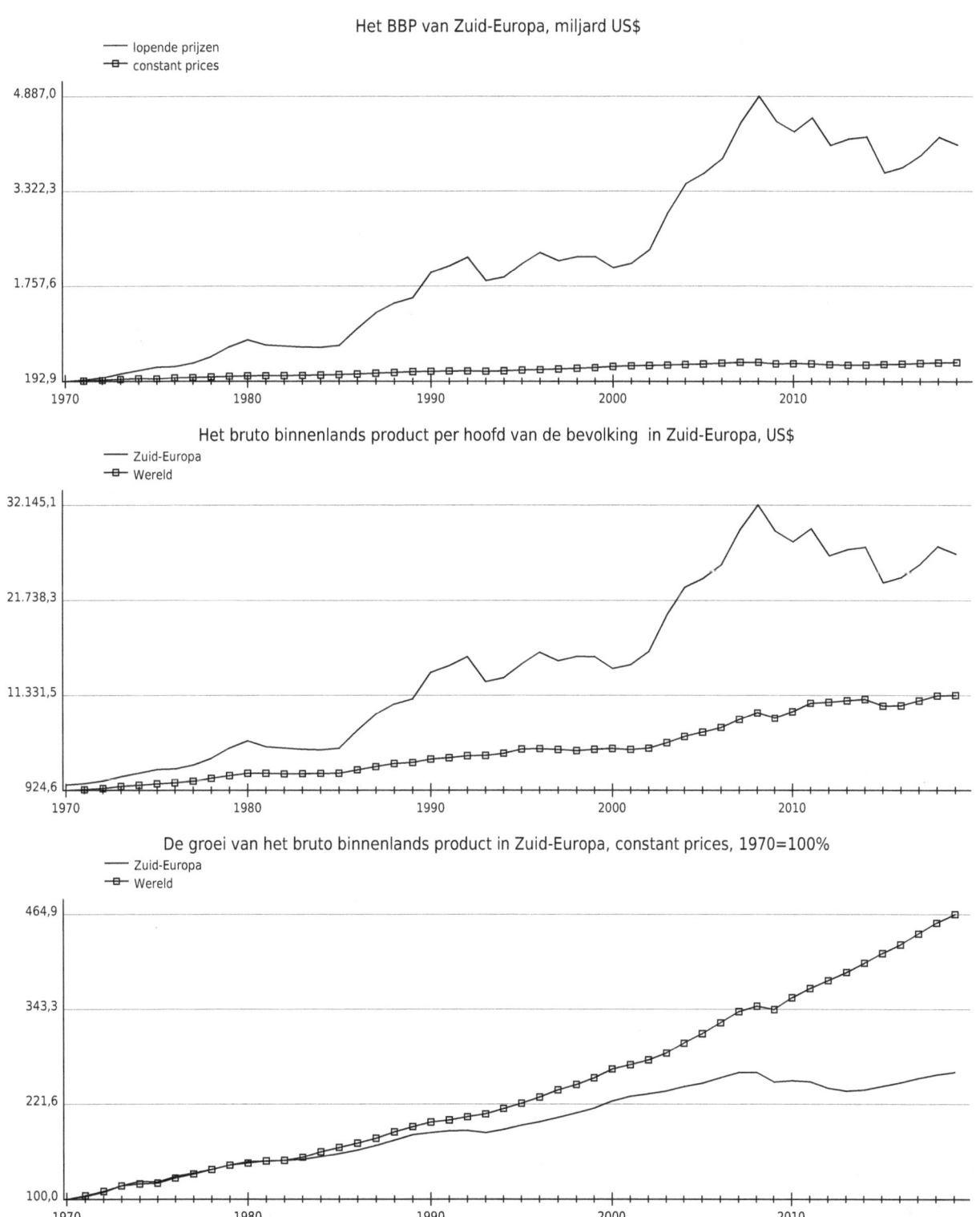

de jaren 1970

Het bruto binnenlands product van Zuid-Europa bedroeg in de jaren 1970 US$407,2 miljard per jaar, en was vergelijkbaar met Noord-Europa (US$417,0 miljard). Het aandeel in de wereld was 6,2%, en 15,2% in Europa.

Het bruto binnenlands product van Zuid-Europa bestond uit: huishoudelijke uitgaven (60,2%), kapitaalvorming (27,6%) en overheidsuitgaven (14,6%).

Het BBP per hoofd in Zuid-Europa was $3.071,4 in de jaren 1970s, en was vergelijkbaar met Ierland (US$3,0 duizend). Het bruto binnenlands product per hoofd in Zuid-Europa was 89,5% hoger dan het bruto binnenlands product per hoofd van de bevolking in de wereld ($1.620,8), en was 16,9% lager dan het bruto binnenlands product per hoofd van de bevolking in Europa ($1.620,8).

De groei van het BBP in Zuid-Europa bedroeg 4.1% in de jaren 1970, en was vergelijkbaar met de Wereld (4,1%), Sri Lanka (4,1%). De groei van het bruto binnenlands product in Zuid-Europa (4,1%) was groter dan de groei van het bruto binnenlands product in de wereld (4,1%), was groter dan de groei van het bruto binnenlands product in Europa (3,6%).

Vergelijking met subregio's. Het bruto binnenlands product van Zuid-Europa was minder dan in West-Europa (US$1,1 biljoen), in Oost-Europa (US$774,0 miljard) en in Noord-Europa (US$417,0 miljard). Het bruto binnenlands product per hoofd in Zuid-Europa was in Zuid-Europa groter dan in Oost-Europa (US$2,3 duizend); maar minder dan in West-Europa (US$6,4 duizend) en in Noord-Europa (US$5,1 duizend). De groei van het bruto binnenlands product in Zuid-Europa was groter dan in West-Europa (3,1%) en in Noord-Europa (2,8%); maar minder dan in Oost-Europa (5,3%).

Leiders. Het BBP van Zuid-Europa in de jaren 1970 bestond uit: Italië (53,5%), Spanje (26,1%), Joegoslavië (8,3%), Griekenland (7,0%), Portugal (4,2%). Het bruto binnenlands product per hoofd in Zuid-Europa onder de leiders: Italië ($3.958,7), Griekenland ($3.179,9), Spanje ($2.982,4), Portugal ($1.890,3) en Joegoslavië ($1.604,7). De groei van het bruto binnenlands product onder de leiders: Joegoslavië (6,2%), Griekenland (5,0%), Portugal (4,8%), Italië (3,8%) en Spanje (3,8%).

de jaren 1980

Het bruto binnenlands product van Zuid-Europa bedroeg in de jaren 1980 US$1,0 biljoen per jaar, en was vergelijkbaar met Noord-Europa (US$1,0 biljoen). Het aandeel in de wereld was 6,7%, en 18,7% in Europa.

Het BBP van Zuid-Europa bestond uit: huishoudelijke uitgaven (60,0%), kapitaalvorming (24,8%) en overheidsuitgaven (17,0%).

Het BBP per hoofd in Zuid-Europa was $7.192,8 in de jaren 1980s, en was vergelijkbaar met Europa (US$7,1 duizend), Singapore (US$7,4 duizend). Het bruto binnenlands product per hoofd in Zuid-Europa was in 2,3 keer hoger dan het bruto binnenlands product per hoofd van de bevolking in de wereld ($3.123,4), en was 1,8% hoger dan het bruto binnenlands product per hoofd van de bevolking in Europa ($3.123,4).

De groei van het bruto binnenlands product in Zuid-Europa bedroeg 2.4% in de jaren 1980, en was vergelijkbaar met Centraal-Afrika (2,4%). De groei van het BBP in Zuid-Europa (2,4%) was minder dan de groei van het BBP in de wereld (3,0%), was minder dan de groei van het BBP in Europa (2,5%).

Vergelijking met subregio's. Het bruto binnenlands product van Zuid-Europa was minder dan in West-Europa (US$2,3 biljoen), in Oost-Europa (US$1,1 biljoen) en in Noord-Europa (US$1,0 biljoen). Het BBP per hoofd in Zuid-Europa was in Zuid-Europa groter dan in Oost-Europa (US$3,0 duizend); maar minder dan in West-Europa (US$13,1 duizend) en in Noord-Europa (US$12,4 duizend). De groei van het BBP in Zuid-Europa was groter dan in West-Europa (2,1%); maar minder dan in Oost-Europa (3,3%) en in Noord-Europa (2,6%).

Leiders. Het BBP van Zuid-Europa in de jaren 1980 bestond uit: Italië (58,4%), Spanje (24,8%), Joegoslavië (6,9%), Griekenland (5,8%), Portugal (3,7%). Het BBP per hoofd in Zuid-Europa onder de leiders: Italië ($10.446,4), Spanje ($6.526,2), Griekenland ($5.911,0), Portugal ($3.833,4) en Joegoslavië ($3.069,5). De groei van het bruto binnenlands product onder de leiders: Portugal (3,3%), Spanje (2,8%), Italië (2,5%), Joegoslavië (1,1%) en Griekenland (0,75%).

de jaren 1990

Het bruto binnenlands product van Zuid-Europa bedroeg in de jaren 1990 US$2,1 biljoen per jaar, en was vergelijkbaar met Noord-Europa (US$2,1 biljoen). Het aandeel in de wereld was 7,4%, en 21,6% in Europa.

Het bruto binnenlands product van Zuid-Europa bestond uit: huishoudelijke uitgaven (60,6%), kapitaalvorming (21,7%) en overheidsuitgaven (18,1%).

Het bruto binnenlands product per hoofd in Zuid-Europa was $14.693,5 in de jaren 1990s, en was vergelijkbaar met Spanje (US$14,8 duizend). Het BBP per hoofd in Zuid-Europa was in 2,9 keer hoger dan het bruto binnenlands product per hoofd van de bevolking in de wereld ($5.020,1), en was 9,1% hoger dan het bruto binnenlands product per hoofd van de bevolking in Europa ($5.020,1).

De groei van het bruto binnenlands product in Zuid-Europa bedroeg 1.7% in de jaren 1990, en was vergelijkbaar met Zweden (1,7%). De groei van het BBP in Zuid-Europa (1,7%) was minder dan de groei van het bruto binnenlands product in de wereld (2,8%), was groter dan de groei van het bruto binnenlands product in Europa (1,4%).

Vergelijking met subregio's. Het bruto binnenlands product van Zuid-Europa was groter dan in Noord-Europa (US$2,1 biljoen) en in Oost-Europa (US$784,2 miljard); maar minder dan in West-Europa (US$4,8 biljoen). Het bruto binnenlands product per hoofd in Zuid-Europa was in Zuid-Europa groter dan in Oost-Europa (US$2,5 duizend); maar minder dan in West-Europa (US$26,4 duizend) en in Noord-Europa (US$22,8 duizend). De groei van het bruto binnenlands product in Zuid-Europa was groter dan in Oost-Europa (-3,8%); maar minder dan in Noord-Europa (2,6%) en in West-Europa (2,2%).

Leiders. Het BBP van Zuid-Europa in de jaren 1990 bestond uit: Italië (57,3%), Spanje (27,9%), Griekenland (6,0%), Portugal (5,1%), Servië (1,2%), en andere (2,6%). Het BBP per hoofd in Zuid-Europa onder de leiders: Italië ($21.281,5), Spanje ($14.846,7), Griekenland ($11.856,5), Portugal ($10.722,0) en Servië ($2.573,4). De groei van het bruto binnenlands product onder de leiders: Portugal (2,9%), Spanje (2,6%), Griekenland (2,0%), Italië (1,5%) en Servië (-7,2%).

de jaren 2000

Het BBP van Zuid-Europa bedroeg in de jaren 2000 US$3,4 biljoen per jaar. Het aandeel in de wereld was 7,3%, en 22,2% in Europa.

Het BBP van Zuid-Europa bestond uit: huishoudelijke uitgaven (60,0%), kapitaalvorming (24,0%) en overheidsuitgaven (18,9%).

Het bruto binnenlands product per hoofd in Zuid-Europa was $22.994,7 in de jaren 2000s. Het bruto binnenlands product per hoofd in Zuid-Europa was in 3,2 keer hoger dan het bruto binnenlands product per hoofd van de bevolking in de wereld ($7.176,3), en was 8,9% hoger dan het bruto binnenlands product per hoofd van de bevolking in Europa ($7.176,3).

De groei van het BBP in Zuid-Europa bedroeg 1.5% in de jaren 2000, en was vergelijkbaar met Frankrijk (1,4%), de Seychellen (1,5%). De groei van het BBP in Zuid-Europa (1,5%) was minder dan de groei van het BBP in de wereld (3,0%), was minder dan de groei van het BBP in Europa (1,8%).

Vergelijking met subregio's. Het BBP van Zuid-Europa was groter dan in Oost-Europa (US$1,7 biljoen); maar minder dan in West-Europa (US$6,7 biljoen) en in Noord-Europa (US$3,7 biljoen). Het bruto binnenlands product per hoofd in Zuid-Europa was in Zuid-Europa groter dan in Oost-Europa (US$5,5 duizend); maar minder dan in Noord-Europa (US$38,5 duizend) en in West-Europa (US$35,6 duizend). De groei van het BBP in Zuid-Europa was groter dan in West-Europa (1,3%); maar minder dan in Oost-Europa (4,7%) en in Noord-Europa (1,9%).

Leiders. Het BBP van Zuid-Europa in de jaren 2000 bestond uit: Italië (51,3%), Spanje (31,8%), Griekenland (7,0%), Portugal (5,5%), Kroatië (1,3%), en andere (3,1%). Het BBP per hoofd in Zuid-Europa onder de leiders: Italië ($30.290,9), Spanje ($24.948,6), Griekenland ($21.441,5), Portugal ($17.945,9) en Kroatië ($9.970,4). De groei van het bruto binnenlands product onder de leiders: Kroatië (3,0%), Griekenland (2,7%), Spanje (2,6%), Portugal (0,93%) en Italië (0,51%).

de jaren 2010

Het BBP van Zuid-Europa bedroeg in de jaren 2010 US$4,1 biljoen per jaar, en was vergelijkbaar met Zuid-Amerika (US$4,0 biljoen). Het aandeel in de wereld was 5,3%, en 19,5% in Europa.

Het bruto binnenlands product van Zuid-Europa bestond uit: huishoudelijke uitgaven (60,9%), overheidsuitgaven (19,4%), kapitaalvorming (18,5%) en netto-uitvoer (1,2%).

Het BBP per hoofd in Zuid-Europa was $26.717,0 in de jaren 2010s, en was vergelijkbaar met Malta (US$26,4 duizend), Amerika (US$26,1 duizend). Het bruto binnenlands product per hoofd in Zuid-Europa was in 2,5 keer hoger dan het bruto binnenlands product per hoofd van de bevolking in de wereld ($10.603,1), en was 5,2% lager dan het bruto binnenlands product per hoofd van de bevolking in Europa ($10.603,1).

De groei van het BBP in Zuid-Europa bedroeg 0.5% in de jaren 2010. De groei van het BBP in Zuid-Europa (0,48%) was minder dan de groei van het bruto binnenlands product in de wereld (3,1%), was minder dan de groei van het bruto binnenlands product in Europa (1,6%).

Vergelijking met subregio's. Het bruto binnenlands product van Zuid-Europa was 27,1% groter dan in Oost-Europa (US$3,2 biljoen); maar 2,2 keer minder dan in West-Europa (US$8,9 biljoen) en 14,1% minder dan in Noord-Europa (US$4,8 biljoen). Het bruto binnenlands product per hoofd in Zuid-Europa was in Zuid-Europa2,4 keer groter dan in Oost-Europa (US$10,9 duizend); maar 42,2% minder dan in Noord-Europa (US$46,3 duizend) en 41,9% minder dan in West-Europa (US$46,0 duizend). De groei van het bruto binnenlands product in Zuid-Europa was minder dan in Oost-Europa (2,3%), in Noord-Europa (2,1%) en in West-Europa (1,7%).

Leiders. Het BBP van Zuid-Europa in de jaren 2010 bestond uit: Italië (50,4%), Spanje (33,0%), Griekenland (5,6%), Portugal (5,5%), Kroatië (1,4%), en andere (4,0%). Het BBP per hoofd in Zuid-Europa onder de leiders: Italië ($34.163,3), Spanje ($28.843,9), Portugal ($21.749,1), Griekenland ($21.549,4) en Kroatië ($13.502,0). De groei van het bruto binnenlands product onder de leiders: Spanje (1,0%), Kroatië (0,98%), Portugal (0,80%), Italië (0,25%) en Griekenland (-2,2%).

Hoofdstuk II. Toegevoegde waarde

De toegevoegde waarde van Zuid-Europa steeg van US$382,9 miljard per jaar in de jaren 1970 tot US$3,7 biljoen per jaar in de jaren 2010, dat wil zeggen met US$3,3 biljoen of 9,6 keer. De verandering vond plaats op US$2,9 biljoen als gevolg van een 4,7-voudige stijging van de prijzen, en ook op US$331,9 miljard als gevolg van een 1,8-voudige toename van de productiviteit , evenals op US$58,9 miljard als gevolg van de toename van de bevolking. De gemiddelde jaarlijkse groei van de toegevoegde waarde is 2,0%. De minimumwaarde van de toegevoegde waarde bedroeg US$178,1 miljard in 1970. De maximumwaarde van de toegevoegde waarde bedroeg US$4,4 biljoen in 2008.

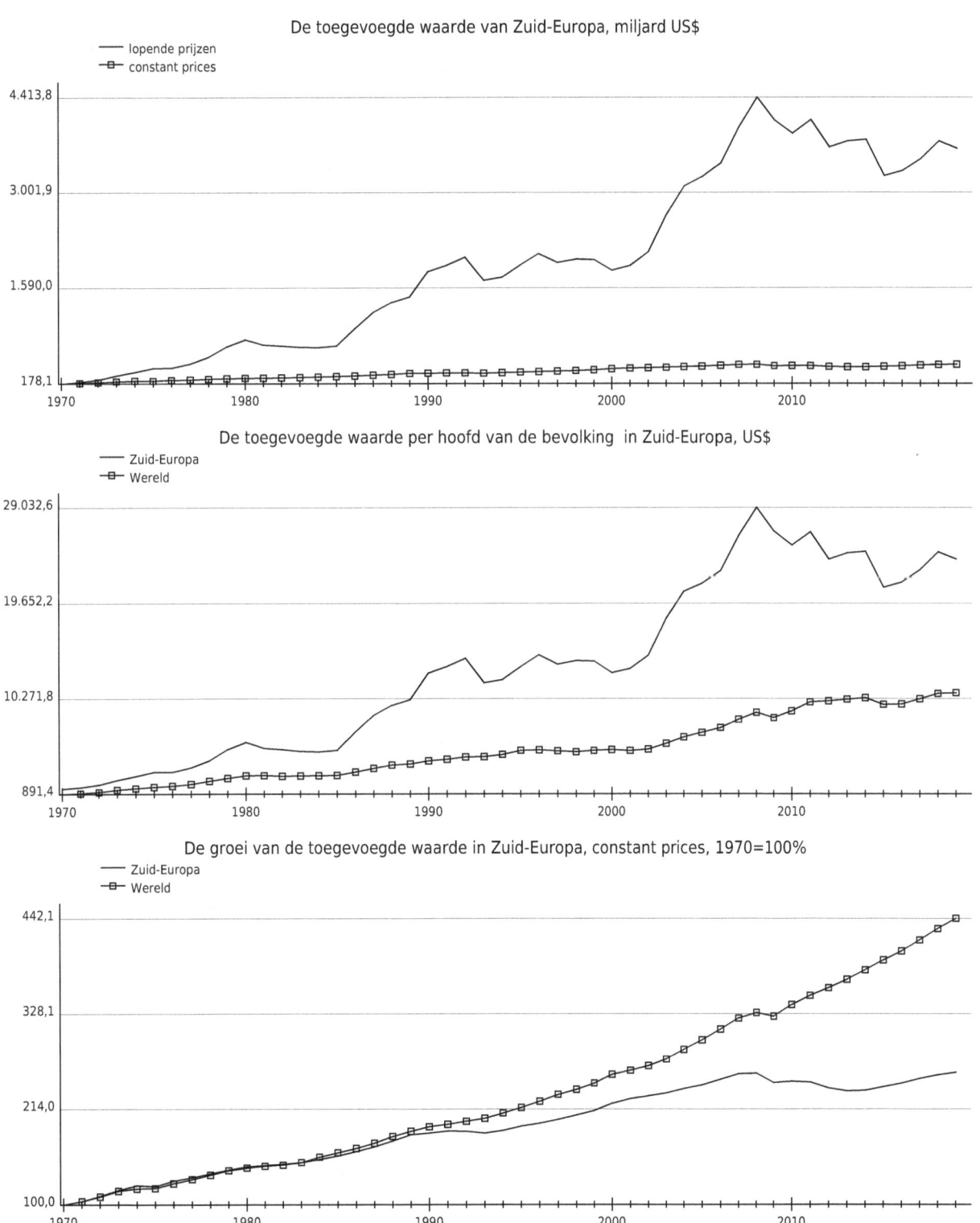

De toegevoegde waarde van Zuid-Europa, miljard US$

De toegevoegde waarde per hoofd van de bevolking in Zuid-Europa, US$

De groei van de toegevoegde waarde in Zuid-Europa, constant prices, 1970=100%

de jaren 1970

De toegevoegde waarde van Zuid-Europa bedroeg in de jaren 1970 US$382,9 miljard per jaar. Het aandeel in de wereld was 6,1%, en 15,1% in Europa.

De totale toegevoegde waarde van Zuid-Europa bestond uit: diensten (29,5%), industrie (28,9%), handel (15,9%), landbouw (9,3%), constructie (8,7%) en transport (7,7%).

De toegevoegde waarde per hoofd in Zuid-Europa was $2.888,3 in de jaren 1970s, en was vergelijkbaar met Puerto Rico (US$2,9 duizend). De toegevoegde waarde per hoofd in Zuid-Europa was 84,6% hoger dan de toegevoegde waarde per hoofd van de bevolking in de wereld ($1.564,4), en was 17,6% lager dan de toegevoegde waarde per hoofd van de bevolking in Europa ($1.564,4).

De groei van de toegevoegde waarde in Zuid-Europa bedroeg 3.9% in de jaren 1970, en was vergelijkbaar met Belize (3,9%), Bhutan (3,9%). De groei van de toegevoegde waarde in Zuid-Europa (3,9%) was groter dan de groei van de toegevoegde waarde in de wereld (3,9%), was groter dan de groei van de toegevoegde waarde in Europa (3,4%).

Vergelijking met subregio's. De toegevoegde waarde van Zuid-Europa was minder dan in West-Europa (US$984,5 miljard), in Oost-Europa (US$771,7 miljard) en in Noord-Europa (US$404,4 miljard). De toegevoegde waarde per hoofd in Zuid-Europa was in Zuid-Europa groter dan in Oost-Europa (US$2,3 duizend); maar minder dan in West-Europa (US$5,8 duizend) en in Noord-Europa (US$5,0 duizend). De groei van de toegevoegde waarde in Zuid-Europa was groter dan in West-Europa (3,1%) en in Noord-Europa (2,4%); maar minder dan in Oost-Europa (5,2%).

Leiders. De toegevoegde waarde van Zuid-Europa in de jaren 1970 bestond uit: Italië (53,3%), Spanje (26,2%), Joegoslavië (8,0%), Griekenland (7,6%), Portugal (4,0%). De toegevoegde waarde per hoofd in Zuid-Europa onder de leiders: Italië ($3.708,7), Griekenland ($3.230,0), Spanje ($2.809,5), Portugal ($1.694,7) en Joegoslavië ($1.459,8). De groei van de toegevoegde waarde onder de leiders: Joegoslavië (6,0%), Griekenland (5,5%), Spanje (4,0%), Portugal (3,9%) en Italië (3,5%).

de jaren 1980

De toegevoegde waarde van Zuid-Europa bedroeg in de jaren 1980 US$952,0 miljard per jaar. Het aandeel in de wereld was 6,5%, en 18,7% in Europa.

De totale toegevoegde waarde van Zuid-Europa bestond uit: diensten (33,8%), industrie (27,1%), handel (17,4%), vervoer (8,5%), constructie (7,1%) en landbouw (6,2%).

De toegevoegde waarde per hoofd in Zuid-Europa was $6.737,0 in de jaren 1980s, en was vergelijkbaar met Europa (US$6,6 duizend). De toegevoegde waarde per hoofd in Zuid-Europa was in 2,2 keer hoger dan de toegevoegde waarde per hoofd van de bevolking in de wereld ($3.029,9), en was 1,3% hoger dan de toegevoegde waarde per hoofd van de bevolking in Europa ($3.029,9).

De groei van de toegevoegde waarde in Zuid-Europa bedroeg 2.6% in de jaren 1980, en was vergelijkbaar met Hongarije (2,6%), Ierland (2,6%), Albanië (2,6%). De groei van de toegevoegde waarde in Zuid-Europa (2,6%) was minder dan de groei van de toegevoegde waarde in de wereld (2,9%), was groter dan de groei van de toegevoegde waarde in Europa (2,6%).

Vergelijking met subregio's. De toegevoegde waarde van Zuid-Europa was minder dan in West-Europa (US$2,1 biljoen), in Oost-Europa (US$1,1 biljoen) en in Noord-Europa (US$979,9 miljard). De toegevoegde waarde per hoofd in Zuid-Europa was in Zuid-Europa groter dan in Oost-Europa (US$3,0 duizend); maar minder dan in West-Europa (US$12,0 duizend) en in Noord-Europa (US$11,8 duizend). De groei van de toegevoegde waarde in Zuid-Europa was groter dan in West-Europa (2,1%); maar minder dan in Oost-Europa (3,4%) en in Noord-Europa (2,8%).

Leiders. De toegevoegde waarde van Zuid-Europa in de jaren 1980 bestond uit: Italië (58,2%), Spanje (24,8%), Joegoslavië (6,8%), Griekenland (6,0%), Portugal (3,7%). De toegevoegde waarde per hoofd in Zuid-Europa onder de leiders: Italië ($9.753,9), Spanje ($6.134,0), Griekenland ($5.773,8), Portugal ($3.525,0) en Joegoslavië ($2.831,3). De groei van de toegevoegde waarde onder de leiders: Portugal (3,2%), Spanje (2,8%), Italië (2,7%), Griekenland (2,0%) en Joegoslavië (1,7%).

de jaren 1990

De toegevoegde waarde van Zuid-Europa bedroeg in de jaren 1990 US$1,9 biljoen per jaar, en was vergelijkbaar met Noord-Europa (US$1,9 biljoen), Duitsland (US$2,0 biljoen). Het aandeel in de wereld was 7,1%, en 21,6% in Europa.

De totale toegevoegde waarde van Zuid-Europa bestond uit: diensten (39,9%), industrie (22,7%), handel (17,7%), transport (8,6%), bouw (6,7%) en landbouw (4,3%).

De toegevoegde waarde per hoofd in Zuid-Europa was $13.386,3 in de jaren 1990s, en was vergelijkbaar met Koeweit (US$13,6 duizend). De toegevoegde waarde per hoofd in Zuid-Europa was in 2,8 keer hoger dan de toegevoegde waarde per hoofd van de bevolking in de wereld ($4.799,9), en was 9,1% hoger dan de toegevoegde waarde per hoofd van de bevolking in Europa ($4.799,9).

De groei van de toegevoegde waarde in Zuid-Europa bedroeg 1.4% in de jaren 1990, en was vergelijkbaar met Kenia (1,4%), Macau (1,5%). De groei van de toegevoegde waarde in Zuid-Europa (1,4%) was minder dan de groei van de toegevoegde waarde in de wereld (2,7%), was groter dan de groei van de toegevoegde waarde in Europa (1,3%).

Vergelijking met subregio's. De toegevoegde waarde van Zuid-Europa was groter dan in Noord-Europa (US$1,9 biljoen) en in Oost-Europa (US$726,1 miljard); maar minder dan in West-Europa (US$4,3 biljoen). De toegevoegde waarde per hoofd in Zuid-Europa was in Zuid-Europa groter dan in Oost-Europa (US$2,4 duizend); maar minder dan in West-Europa (US$24,0 duizend) en in Noord-Europa (US$20,8 duizend). De groei van de toegevoegde waarde in Zuid-Europa was groter dan in Oost-Europa (-3,7%); maar minder dan in Noord-Europa (2,6%) en in West-Europa (2,1%).

Leiders. De toegevoegde waarde van Zuid-Europa in de jaren 1990 bestond uit: Italië (57,1%), Spanje (28,3%), Griekenland (6,0%), Portugal (4,9%), Servië (1,2%), en andere (2,5%). De toegevoegde waarde per hoofd in Zuid-Europa onder de leiders: Italië ($19.309,0), Spanje ($13.754,9), Griekenland ($10.813,9), Portugal ($9.461,3) en Servië ($2.393,6). De groei van de toegevoegde waarde onder de leiders: Portugal (3,1%), Spanje (2,2%), Griekenland (1,9%), Italië (1,3%) en Servië (-7,3%).

de jaren 2000

De toegevoegde waarde van Zuid-Europa bedroeg in de jaren 2000 US$3,1 biljoen per jaar. Het aandeel in de wereld was 6,9%, en 22,2% in Europa.

De totale toegevoegde waarde van Zuid-Europa bestond uit: diensten (44,3%), industrie (19,1%), handel (16,7%), vervoer (9,3%), constructie (7,7%) en landbouw (2,9%).

De toegevoegde waarde per hoofd in Zuid-Europa was $20.684,6 in de jaren 2000s. De toegevoegde waarde per hoofd in Zuid-Europa was in 3,0 keer hoger dan de toegevoegde waarde per hoofd van de bevolking in de wereld ($6.818,0), en was 9,2% hoger dan de toegevoegde waarde per hoofd van de bevolking in Europa ($6.818,0).

De groei van de toegevoegde waarde in Zuid-Europa bedroeg 1.5% in de jaren 2000, en was vergelijkbaar met Burundi (1,5%). De groei van de toegevoegde waarde in Zuid-Europa (1,5%) was minder dan de groei van de toegevoegde waarde in de wereld (2,9%), was minder dan de groei van de toegevoegde waarde in Europa (1,7%).

Vergelijking met subregio's. De toegevoegde waarde van Zuid-Europa was groter dan in Oost-Europa (US$1,4 biljoen); maar minder dan in West-Europa (US$6,0 biljoen) en in Noord-Europa (US$3,3 biljoen). De toegevoegde waarde per hoofd in Zuid-Europa was in Zuid-Europa groter dan in Oost-Europa (US$4,8 duizend); maar minder dan in Noord-Europa (US$34,4 duizend) en in West-Europa (US$32,1 duizend). De groei van de toegevoegde waarde in Zuid-Europa was groter dan in West-Europa (1,2%); maar minder dan in Oost-Europa (4,4%) en in Noord-Europa (1,7%).

Leiders. De toegevoegde waarde van Zuid-Europa in de jaren 2000 bestond uit: Italië (51,4%), Spanje (32,2%), Griekenland (6,9%), Portugal (5,3%), Kroatië (1,2%), en andere (3,0%). De toegevoegde waarde per hoofd in Zuid-Europa onder de leiders: Italië ($27.282,9), Spanje ($22.708,3), Griekenland ($19.105,6), Portugal ($15.668,5) en Kroatië ($8.386,3). De groei van de toegevoegde waarde onder de leiders: Kroatië (2,9%), Spanje (2,7%), Griekenland (2,5%), Portugal (1,0%) en Italië (0,51%).

de jaren 2010

De toegevoegde waarde van Zuid-Europa bedroeg in de jaren 2010 US$3,7 biljoen per jaar. Het aandeel in de wereld was 5,0%, en 19,5% in Europa.

De totale toegevoegde waarde van Zuid-Europa bestond uit: diensten (48,3%), industrie (17,9%), handel (16,8%), transport (9,0%), constructie (5,3%) en landbouw (2,7%).

De toegevoegde waarde per hoofd in Zuid-Europa was $23.978,7 in de jaren 2010s, en was vergelijkbaar met Sint Maarten (US$23,9 duizend), Cyprus (US$24,4 duizend). De toegevoegde waarde per hoofd in Zuid-Europa was in 2,4 keer hoger dan de toegevoegde waarde per hoofd van de bevolking in de wereld ($10.094,6), en was 5,0% lager dan de toegevoegde waarde per hoofd van de bevolking in Europa ($10.094,6).

De groei van de toegevoegde waarde in Zuid-Europa bedroeg 0.5% in de jaren 2010. De groei van de toegevoegde waarde in Zuid-Europa (0,50%) was minder dan de groei van de toegevoegde waarde in de wereld (3,1%), was minder dan de groei van de toegevoegde waarde in Europa (1,6%).

Vergelijking met subregio's. De toegevoegde waarde van Zuid-Europa was 29,5% groter dan in Oost-Europa (US$2,8 biljoen); maar 2,2 keer minder dan in West-Europa (US$8,1 biljoen) en 13,4% minder dan in Noord-Europa (US$4,2 biljoen). De toegevoegde waarde per hoofd in Zuid-Europa was in Zuid-Europa2,5 keer groter dan in Oost-Europa (US$9,6 duizend); maar 42,3% minder dan in West-Europa (US$41,5 duizend) en 41,7% minder dan in Noord-Europa (US$41,2 duizend). De groei van de toegevoegde waarde in Zuid-Europa was minder dan in Oost-Europa (2,2%), in Noord-Europa (2,1%) en in West-Europa (1,7%).

Leiders. De toegevoegde waarde van Zuid-Europa in de jaren 2010 bestond uit: Italië (50,4%), Spanje (33,6%), Griekenland (5,5%), Portugal (5,4%), Kroatië (1,3%), en andere (3,8%). De toegevoegde waarde per hoofd in Zuid-Europa onder de leiders: Italië ($30.684,4), Spanje ($26.305,1), Portugal ($18.958,9), Griekenland ($18.912,4) en Kroatië ($11.262,3). De groei van de toegevoegde waarde onder de leiders: Spanje (0,99%), Portugal (0,81%), Kroatië (0,67%), Italië (0,30%) en Griekenland (-2,2%).

Hoofdstuk III. Bruto nationaal inkomen

Het BNI van Zuid-Europa steeg van US$409,4 miljard per jaar in de jaren 1970 tot US$4,1 biljoen per jaar in de jaren 2010, dat wil zeggen met US$3,7 biljoen of 9,9 keer. De verandering vond plaats op US$3,2 biljoen als gevolg van een 4,9-voudige stijging van de prijzen, en ook op US$356,8 miljard als gevolg van een 1,8-voudige toename van de productiviteit , evenals op US$63,0 miljard als gevolg van de toename van de bevolking. De gemiddelde jaarlijkse groei van het bruto nationaal inkomen is 2,0%. De minimumwaarde van het BNI bedroeg US$193,9 miljard in 1970. De maximumwaarde van het BNI bedroeg US$4,8 biljoen in 2008.

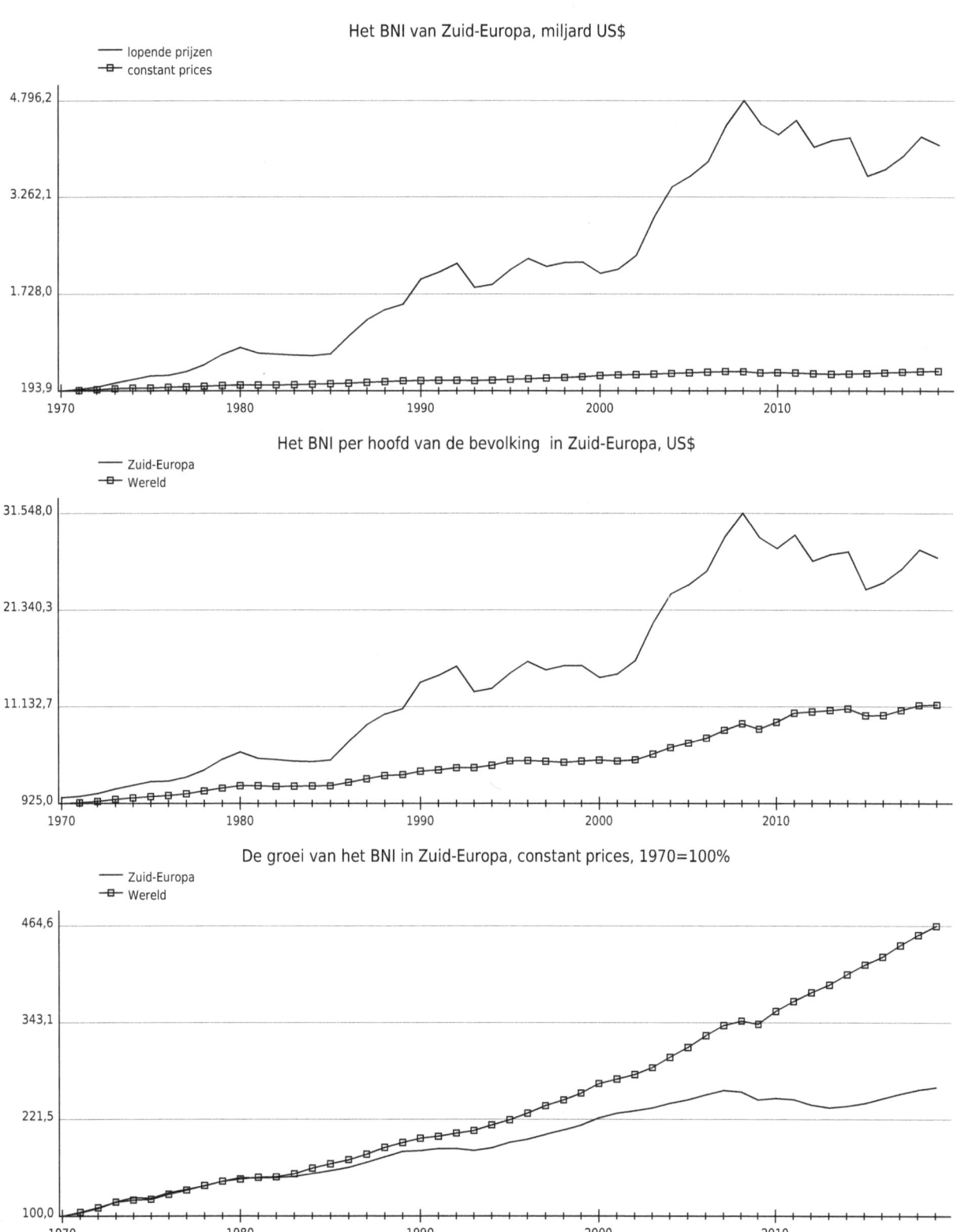

Het BNI van Zuid-Europa, miljard US$

Het BNI per hoofd van de bevolking in Zuid-Europa, US$

De groei van het BNI in Zuid-Europa, constant prices, 1970=100%

de jaren 1970

Het BNI van Zuid-Europa bedroeg in de jaren 1970 US$409,4 miljard per jaar. Het aandeel in de wereld was 6,2%, en 15,1% in Europa.

Het bruto nationaal inkomen per hoofd in Zuid-Europa was $3.088,5 in de jaren 1970s, en was vergelijkbaar met Ierland (US$3,1 duizend), Gabon (US$3,0 duizend). Het BNI per hoofd in Zuid-Europa was 90,1% hoger dan het bruto nationaal inkomen per hoofd van de bevolking in de wereld ($1.624,3), en was 17,2% lager dan het bruto nationaal inkomen per hoofd van de bevolking in Europa ($1.624,3).

De groei van het bruto nationaal inkomen in Zuid-Europa bedroeg 4.1% in de jaren 1970, en was vergelijkbaar met de Wereld (4,1%), Canada (4,1%), Somalië (4,1%). De groei van het bruto nationaal inkomen in Zuid-Europa (4,1%) was groter dan de groei van het bruto nationaal inkomen in de wereld (4,1%), was groter dan de groei van het BNI in Europa (3,6%).

Vergelijking met subregio's. Het BNI van Zuid-Europa was minder dan in West-Europa (US$1,1 biljoen), in Oost-Europa (US$772,0 miljard) en in Noord-Europa (US$434,8 miljard). Het bruto nationaal inkomen per hoofd in Zuid-Europa was in Zuid-Europa groter dan in Oost-Europa (US$2,3 duizend); maar minder dan in West-Europa (US$6,4 duizend) en in Noord-Europa (US$5,3 duizend). De groei van het bruto nationaal inkomen in Zuid-Europa was groter dan in West-Europa (3,1%) en in Noord-Europa (2,6%); maar minder dan in Oost-Europa (5,3%).

Leiders. Het BNI van Zuid-Europa in de jaren 1970 bestond uit: Italië (53,4%), Spanje (25,7%), Joegoslavië (8,6%), Griekenland (7,2%), Portugal (4,2%). Het bruto nationaal inkomen per hoofd in Zuid-Europa onder de leiders: Italië ($3.975,9), Griekenland ($3.258,1), Spanje ($2.952,8), Portugal ($1.886,1) en Joegoslavië ($1.685,0). De groei van het bruto nationaal inkomen onder de leiders: Joegoslavië (6,5%), Griekenland (5,2%), Portugal (4,5%), Spanje (3,8%) en Italië (3,8%).

de jaren 1980

Het BNI van Zuid-Europa bedroeg in de jaren 1980 US$1,0 biljoen per jaar, en was vergelijkbaar met Duitsland (US$996,5 miljard). Het aandeel in de wereld was 6,7%, en 18,6% in Europa.

Het BNI per hoofd in Zuid-Europa was $7.175,8 in de jaren 1980s, en was vergelijkbaar met Singapore (US$7,2 duizend), Europa (US$7,1 duizend), Ierland (US$7,3 duizend). Het bruto nationaal inkomen per hoofd in Zuid-Europa was in 2,3 keer hoger dan het bruto nationaal inkomen per hoofd van de bevolking in de wereld ($3.117,1), en was 0,96% hoger dan het bruto nationaal inkomen per hoofd van de bevolking in Europa ($3.117,1).

De groei van het bruto nationaal inkomen in Zuid-Europa bedroeg 2.4% in de jaren 1980, en was vergelijkbaar met Frankrijk (2,3%), Monaco (2,3%). De groei van het BNI in Zuid-Europa (2,4%) was minder dan de groei van het BNI in de wereld (3,0%), was minder dan de groei van het BNI in Europa (2,4%).

Vergelijking met subregio's. Het BNI van Zuid-Europa was minder dan in West-Europa (US$2,3 biljoen), in Oost-Europa (US$1,1 biljoen) en in Noord-Europa (US$1,0 biljoen). Het BNI per hoofd in Zuid-Europa was in Zuid-Europa groter dan in Oost-Europa (US$3,0 duizend); maar minder dan in West-Europa (US$13,2 duizend) en in Noord-Europa (US$12,7 duizend). De groei van het bruto nationaal inkomen in Zuid-Europa was groter dan in Noord-Europa (2,3%) en in West-Europa (2,2%); maar minder dan in Oost-Europa (3,3%).

Leiders. Het BNI van Zuid-Europa in de jaren 1980 bestond uit: Italië (58,4%), Spanje (24,5%), Joegoslavië (7,2%), Griekenland (5,9%), Portugal (3,6%). Het BNI per hoofd in Zuid-Europa onder de leiders: Italië ($10.422,9), Spanje ($6.430,4), Griekenland ($5.997,1), Portugal ($3.723,7) en Joegoslavië ($3.191,8). De groei van het BNI onder de leiders: Portugal (3,4%), Spanje (2,8%), Italië (2,4%), Joegoslavië (1,3%) en Griekenland (0,59%).

de jaren 1990

Het BNI van Zuid-Europa bedroeg in de jaren 1990 US$2,1 biljoen per jaar, en was vergelijkbaar met Noord-Europa (US$2,1 biljoen). Het aandeel in de wereld was 7,4%, en 21,5% in Europa.

Het bruto nationaal inkomen per hoofd in Zuid-Europa was $14.567,7 in de jaren 1990s, en was vergelijkbaar met Spanje (US$14,7 duizend), Oceanië (US$14,9 duizend), Nieuw-Zeeland (US$14,2 duizend). Het BNI per hoofd in Zuid-Europa was in 2,9 keer hoger dan het bruto nationaal inkomen per hoofd van de bevolking in de wereld ($4.991,4), en was 8,4% hoger dan het bruto nationaal inkomen per hoofd van de bevolking in Europa ($4.991,4).

De groei van het BNI in Zuid-Europa bedroeg 1.7% in de jaren 1990, en was vergelijkbaar met Ecuador (1,7%). De groei van het bruto nationaal inkomen in Zuid-Europa (1,7%) was minder dan de groei van het BNI in de wereld (2,8%), was groter dan de groei van het bruto nationaal inkomen in Europa (1,3%).

Vergelijking met subregio's. Het bruto nationaal inkomen van Zuid-Europa was groter dan in Noord-Europa (US$2,1 biljoen) en in Oost-Europa (US$767,1 miljard); maar minder dan in West-Europa (US$4,8 biljoen). Het bruto nationaal inkomen per hoofd in Zuid-Europa was in Zuid-Europa groter dan in Oost-Europa (US$2,5 duizend); maar minder dan in West-Europa (US$26,5 duizend) en in Noord-Europa (US$22,6 duizend). De groei van het BNI in Zuid-Europa was groter dan in Oost-Europa (-4,0%); maar minder dan in Noord-Europa (2,5%) en in West-Europa (2,1%).

Leiders. Het BNI van Zuid-Europa in de jaren 1990 bestond uit: Italië (57,2%), Spanje (27,8%), Griekenland (6,1%), Portugal (5,2%), Servië (1,2%), en andere (2,5%). Het BNI per hoofd in Zuid-Europa onder de leiders: Italië ($21.071,3), Spanje ($14.670,4), Griekenland ($12.046,9), Portugal ($10.746,4) en Servië ($2.574,1). De groei van het bruto nationaal inkomen onder de leiders: Portugal (2,9%), Spanje (2,7%), Griekenland (1,8%), Italië (1,5%) en Servië (-7,3%).

de jaren 2000

Het bruto nationaal inkomen van Zuid-Europa bedroeg in de jaren 2000 US$3,4 biljoen per jaar. Het aandeel in de wereld was 7,3%, en 22,0% in Europa.

Het bruto nationaal inkomen per hoofd in Zuid-Europa was $22.784,1 in de jaren 2000s, en was vergelijkbaar met de Turks- en Caicoseilanden (US$22,8 duizend), Sint Maarten (US$23,0 duizend), Aruba (US$22,6 duizend). Het bruto nationaal inkomen per hoofd in Zuid-Europa was in 3,2 keer hoger dan het bruto nationaal inkomen per hoofd van de bevolking in de wereld ($7.165,2), en was 8,1% hoger dan het bruto nationaal inkomen per hoofd van de bevolking in Europa ($7.165,2).

De groei van het bruto nationaal inkomen in Zuid-Europa bedroeg 1.4% in de jaren 2000, en was vergelijkbaar met Frans-Polynesië (1,4%), Brunei (1,4%), de Nederland (1,4%). De groei van het BNI in Zuid-Europa (1,4%) was minder dan de groei van het BNI in de wereld (3,0%), was minder dan de groei van het bruto nationaal inkomen in Europa (1,8%).

Vergelijking met subregio's. Het BNI van Zuid-Europa was groter dan in Oost-Europa (US$1,6 biljoen); maar minder dan in West-Europa (US$6,7 biljoen) en in Noord-Europa (US$3,7 biljoen). Het BNI per hoofd in Zuid-Europa was in Zuid-Europa groter dan in Oost-Europa (US$5,4 duizend); maar minder dan in Noord-Europa (US$38,4 duizend) en in West-Europa (US$35,9 duizend). De groei van het bruto nationaal inkomen in Zuid-Europa was groter dan in West-Europa (1,3%); maar minder dan in Oost-Europa (4,7%) en in Noord-Europa (1,9%).

Leiders. Het BNI van Zuid-Europa in de jaren 2000 bestond uit: Italië (51,7%), Spanje (31,6%), Griekenland (6,9%), Portugal (5,4%), Kroatië (1,3%), en andere (3,1%). Het bruto nationaal inkomen per hoofd in Zuid-Europa onder de leiders: Italië ($30.230,3), Spanje ($24.520,0), Griekenland ($21.151,9), Portugal ($17.540,7) en Kroatië ($9.734,7). De groei van het BNI onder de leiders: Kroatië (2,8%), Griekenland (2,6%), Spanje (2,5%), Portugal (0,62%) en Italië (0,53%).

de jaren 2010

Het BNI van Zuid-Europa bedroeg in de jaren 2010 US$4,1 biljoen per jaar. Het aandeel in de wereld was 5,2%, en 19,4% in Europa.

Het bruto nationaal inkomen per hoofd in Zuid-Europa was $26.617,2 in de jaren 2010s, en was vergelijkbaar met Amerika (US$26,3 duizend), Aruba (US$26,1 duizend). Het BNI per hoofd in Zuid-Europa was in 2,5 keer hoger dan het bruto nationaal inkomen per hoofd van de bevolking in de wereld ($10.611,7), en was 5,4% lager dan het bruto nationaal inkomen per hoofd van de bevolking in Europa ($10.611,7).

De groei van het BNI in Zuid-Europa bedroeg 0.6% in de jaren 2010. De groei van het bruto nationaal inkomen in Zuid-Europa (0,61%) was minder dan de groei van het bruto nationaal inkomen in de wereld (3,1%), was minder dan de groei van het BNI in Europa (1,6%).

Vergelijking met subregio's. Het bruto nationaal inkomen van Zuid-Europa was 30,6% groter dan in Oost-Europa (US$3,1 biljoen); maar 2,2 keer minder dan in West-Europa (US$9,1 biljoen) en 13,3% minder dan in Noord-Europa (US$4,7 biljoen). Het bruto nationaal inkomen per hoofd in Zuid-Europa was in Zuid-Europa2,5 keer groter dan in Oost-Europa (US$10,6 duizend); maar 43,0% minder dan in West-Europa (US$46,7 duizend) en 41,7% minder dan in Noord-Europa (US$45,6 duizend). De groei van het BNI in Zuid-Europa was minder dan in Oost-Europa (2,4%), in Noord-Europa (2,0%) en in West-Europa (1,7%).

Leiders. Het BNI van Zuid-Europa in de jaren 2010 bestond uit: Italië (50,6%), Spanje (33,0%), Griekenland (5,6%), Portugal (5,4%),

Kroatië (1,4%), en andere (3,9%). Het BNI per hoofd in Zuid-Europa onder de leiders: Italië ($34.208,1), Spanje ($28.708,2), Griekenland ($21.386,4), Portugal ($21.255,5) en Kroatië ($13.293,3). De groei van het BNI onder de leiders: Kroatië (1,3%), Spanje (1,2%), Portugal (0,91%), Italië (0,34%) en Griekenland (-2,0%).

Part II. Structuur

	de jaren 2010
landbouw	2,7%
industrie	17,9%
constructie	5,3%
handel	16,8%
vervoer	9,0%
diensten	48,3%

Hoofdstuk IV. Landbouw

Landbouw, jacht, bosbouw, vissen (ISIC A-B)

De landbouw van Zuid-Europa steeg van US$35,6 miljard per jaar in de jaren 1970 tot US$99,7 miljard per jaar in de jaren 2010, dat wil zeggen met US$64,1 miljard of 2,8 keer. De verandering vond plaats op US$45,8 miljard als gevolg van een 1,8-voudige stijging van de prijzen, en ook op US$12,8 miljard als gevolg van een 1,3-voudige toename van de productiviteit , evenals op US$5,5 miljard als gevolg van de toename van de bevolking. De gemiddelde jaarlijkse groei van de landbouw is 1,1%. De minimumwaarde van de landbouw bedroeg US$19,7 miljard in 1970. De maximumwaarde van de landbouw bedroeg US$112,3 miljard in 2008.

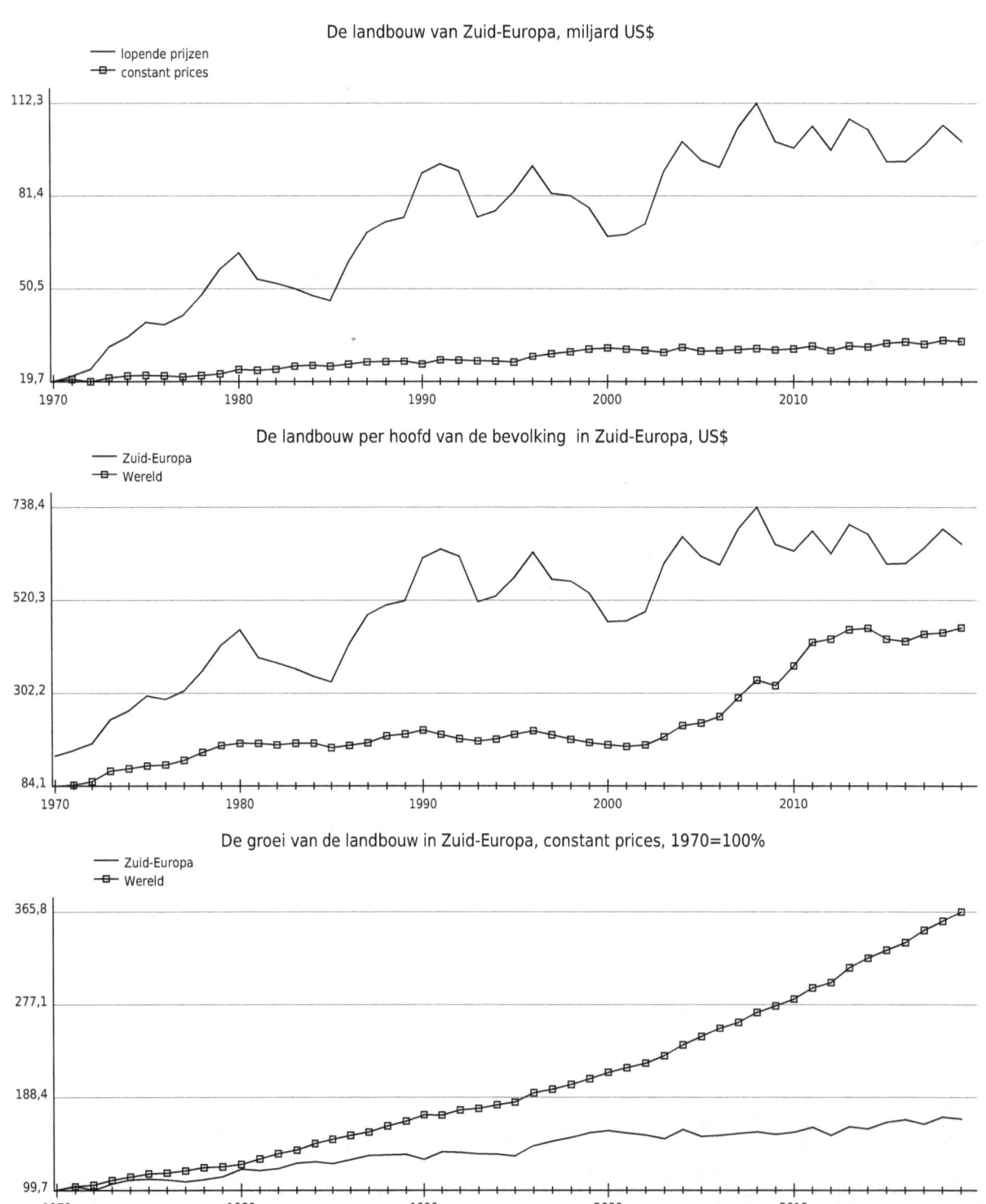

De landbouw van Zuid-Europa, miljard US$

De landbouw per hoofd van de bevolking in Zuid-Europa, US$

De groei van de landbouw in Zuid-Europa, constant prices, 1970=100%

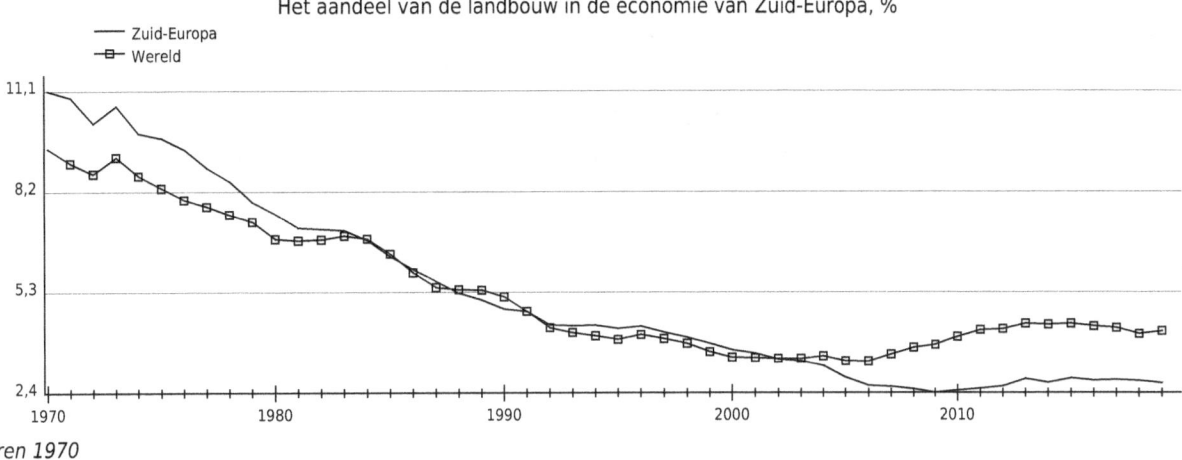

Het aandeel van de landbouw in de economie van Zuid-Europa, %

de jaren 1970

De sector van de landbouw in Zuid-Europa bedroeg in de jaren 1970 US$35,6 miljard per jaar, en was vergelijkbaar met India (US$36,0 miljard). Het aandeel in de wereld was 6,9%, en 18,3% in Europa.

Het aandeel van de landbouw in de economie van Zuid-Europa was 9,3% in de jaren 1970, en was vergelijkbaar met de Seychellen (9,2%).

De sector van de landbouw per hoofd in Zuid-Europa was $268,5 in de jaren 1970s, en was vergelijkbaar met Europa (US$268,3), Nauru (US$271,0), Italië (US$265,7). De waarde van de landbouw per hoofd in Zuid-Europa was in 2,1 keer hoger dan de landbouw per hoofd van de bevolking in de wereld ($127,6), en was 0,10% hoger dan de landbouw per hoofd van de bevolking in Europa ($127,6).

De groei van de landbouw in Zuid-Europa bedroeg 1.3% in de jaren 1970, en was vergelijkbaar met Togo (1,3%). De groei van de landbouw in Zuid-Europa (1,3%) was minder dan de groei van de landbouw in de wereld (2,2%), was minder dan de groei van de landbouw in Europa (3,3%).

Vergelijking met subregio's. De toegevoegde waarde van de landbouw in Zuid-Europa was groter dan in Noord-Europa (US$16,6 miljard); maar minder dan in Oost-Europa (US$104,6 miljard) en in West-Europa (US$37,7 miljard). De waarde van de landbouw per hoofd in Zuid-Europa was in Zuid-Europa groter dan in West-Europa (US$222,0) en in Noord-Europa (US$204,9); maar minder dan in Oost-Europa (US$306,3). De groei van de landbouw in Zuid-Europa was groter dan in Noord-Europa (0,98%); maar minder dan in Oost-Europa (6,4%) en in West-Europa (2,2%).

Leiders. De sector van de landbouw in Zuid-Europa in de jaren 1970 bestond uit: Italië (41,1%), Spanje (24,6%), Joegoslavië (12,9%), Portugal (10,2%), Griekenland (8,5%), en andere (2,8%). Het aandeel van de landbouw in economie van de leiders: Portugal (23,6%), Joegoslavië (14,9%), Griekenland (10,4%), Spanje (8,7%) en Italië (7,2%). De sector van de landbouw per hoofd in Zuid-Europa onder de leiders: Portugal ($399,2), Griekenland ($335,6), Italië ($265,7), Spanje ($245,2) en Joegoslavië ($218,1). De groei van de landbouw onder de leiders: Spanje (2,6%), Portugal (2,3%), Joegoslavië (2,0%), Griekenland (1,5%) en Italië (0,13%).

de jaren 1980

De toegevoegde waarde van de landbouw in Zuid-Europa bedroeg in de jaren 1980 US$59,0 miljard per jaar. Het aandeel in de wereld was 6,5%, en 19,9% in Europa.

Het aandeel van de landbouw in de economie van Zuid-Europa was 6,2% in de jaren 1980, en was vergelijkbaar met de Wereld (6,2%).

De waarde van de landbouw per hoofd in Zuid-Europa was $417,5 in de jaren 1980s, en was vergelijkbaar met Oost-Europa (US$410,3), Oostenrijk (US$410,2), Japan (US$410,0). De landbouw per hoofd in Zuid-Europa was in 2,2 keer hoger dan de landbouw per hoofd van de bevolking in de wereld ($186,6), en was 8,1% hoger dan de landbouw per hoofd van de bevolking in Europa ($186,6).

De groei van de landbouw in Zuid-Europa bedroeg 1.7% in de jaren 1980, en was vergelijkbaar met de Dominicaanse Republiek (1,7%), Australië (1,7%). De groei van de landbouw in Zuid-Europa (1,7%) was minder dan de groei van de landbouw in de wereld (3,1%), was minder dan de groei van de landbouw in Europa (2,1%).

Vergelijking met subregio's. De landbouw van Zuid-Europa was groter dan in West-Europa (US$57,0 miljard) en in Noord-Europa

(US$28,7 miljard); maar minder dan in Oost-Europa (US$151,9 miljard). De landbouw per hoofd in Zuid-Europa was in Zuid-Europa groter dan in Oost-Europa (US$410,3), in Noord-Europa (US$346,5) en in West-Europa (US$328,8). De groei van de landbouw in Zuid-Europa was minder dan in Oost-Europa (2,4%), in Noord-Europa (2,3%) en in West-Europa (1,9%).

Leiders. De sector van de landbouw in Zuid-Europa in de jaren 1980 bestond uit: Italië (43,7%), Spanje (22,9%), Joegoslavië (14,4%), Griekenland (9,7%), Portugal (7,8%), en andere (1,6%). Het aandeel van de landbouw in economie van de leiders: Portugal (13,1%), Joegoslavië (13,1%), Griekenland (9,9%), Spanje (5,7%) en Italië (4,6%). De waarde van de landbouw per hoofd in Zuid-Europa onder de leiders: Griekenland ($574,4), Portugal ($463,5), Italië ($453,3), Joegoslavië ($372,1) en Spanje ($350,5). De groei van de landbouw onder de leiders: Spanje (2,4%), Italië (1,9%), Griekenland (1,7%), Portugal (0,70%) en Joegoslavië (0,60%).

de jaren 1990

De sector van de landbouw in Zuid-Europa bedroeg in de jaren 1990 US$83,7 miljard per jaar, en was vergelijkbaar met West-Europa (US$82,7 miljard). Het aandeel in de wereld was 7,3%, en 30,1% in Europa.

Het aandeel van de landbouw in de economie van Zuid-Europa was 4,3% in de jaren 1990, en was vergelijkbaar met Oost-Azië (4,3%).

De waarde van de landbouw per hoofd in Zuid-Europa was $580,9 in de jaren 1990s, en was vergelijkbaar met Oostenrijk (US$573,4). De waarde van de landbouw per hoofd in Zuid-Europa was in 2,9 keer hoger dan de landbouw per hoofd van de bevolking in de wereld ($199,8), en was 52,0% hoger dan de landbouw per hoofd van de bevolking in Europa ($199,8).

De groei van de landbouw in Zuid-Europa bedroeg 1.5% in de jaren 1990, en was vergelijkbaar met Tonga (1,5%). De groei van de landbouw in Zuid-Europa (1,5%) was minder dan de groei van de landbouw in de wereld (2,2%), was groter dan de groei van de landbouw in Europa (-1,6%).

Vergelijking met subregio's. De sector van de landbouw in Zuid-Europa was groter dan in West-Europa (US$82,7 miljard), in Oost-Europa (US$69,9 miljard) en in Noord-Europa (US$41,5 miljard). De landbouw per hoofd in Zuid-Europa was in Zuid-Europa groter dan in West-Europa (US$457,0), in Noord-Europa (US$446,7) en in Oost-Europa (US$226,3). De groei van de landbouw in Zuid-Europa was groter dan in Noord-Europa (1,2%), in West-Europa (0,28%) en in Oost-Europa (-6,4%).

Leiders. De landbouw van Zuid-Europa in de jaren 1990 bestond uit: Italië (43,4%), Spanje (29,6%), Griekenland (10,6%), Portugal (6,4%), Servië (5,0%), en andere (5,1%). Het aandeel van de landbouw in economie van de leiders: Servië (18,3%), Griekenland (7,7%), Portugal (5,6%), Spanje (4,5%) en Italië (3,3%). De sector van de landbouw per hoofd in Zuid-Europa onder de leiders: Griekenland ($833,2), Italië ($636,4), Spanje ($623,0), Portugal ($528,5) en Servië ($437,5). De groei van de landbouw onder de leiders: Spanje (3,0%), Italië (2,4%), Portugal (0,11%), Griekenland (0,058%) en Servië (-6,6%).

de jaren 2000

De landbouw van Zuid-Europa bedroeg in de jaren 2000 US$89,8 miljard per jaar. Het aandeel in de wereld was 5,7%, en 31,7% in Europa.

Het aandeel van de landbouw in de economie van Zuid-Europa was 2,9% in de jaren 2000.

De sector van de landbouw per hoofd in Zuid-Europa was $602,9 in de jaren 2000s, en was vergelijkbaar met Dominica (US$617,7). De waarde van de landbouw per hoofd in Zuid-Europa was in 2,5 keer hoger dan de landbouw per hoofd van de bevolking in de wereld ($240,3), en was 55,8% hoger dan de landbouw per hoofd van de bevolking in Europa ($240,3).

De groei van de landbouw in Zuid-Europa bedroeg -0.1% in de jaren 2000, en was vergelijkbaar met het Verenigd Koninkrijk (-0,099%). De groei van de landbouw in Zuid-Europa (-0,100%) was minder dan de groei van de landbouw in de wereld (3,0%), was minder dan de groei van de landbouw in Europa (1,2%).

Vergelijking met subregio's. De waarde van de landbouw in Zuid-Europa was groter dan in West-Europa (US$82,2 miljard), in Oost-Europa (US$71,1 miljard) en in Noord-Europa (US$39,8 miljard). De waarde van de landbouw per hoofd in Zuid-Europa was in Zuid-Europa groter dan in West-Europa (US$439,0), in Noord-Europa (US$413,8) en in Oost-Europa (US$238,1). De groei van de landbouw in Zuid-Europa was minder dan in Oost-Europa (2,9%), in West-Europa (1,1%) en in Noord-Europa (0,82%).

Leiders. De waarde van de landbouw in Zuid-Europa in de jaren 2000 bestond uit: Italië (41,2%), Spanje (34,1%), Griekenland (10,1%), Portugal (4,9%), Servië (2,6%), en andere (7,1%). Het aandeel van de landbouw in economie van de leiders: Servië (9,5%), Griekenland (4,3%), Spanje (3,1%), Portugal (2,7%) en Italië (2,3%). De toegevoegde waarde van de landbouw per hoofd in Zuid-Europa onder de leiders: Griekenland ($812,9), Spanje ($700,2), Italië ($638,1), Portugal ($421,6) en Servië ($311,5). De groei van de landbouw onder de leiders: Spanje (0,58%), Servië (0,54%), Italië (-0,59%), Portugal (-0,74%) en Griekenland (-2,3%).

de jaren 2010

De sector van de landbouw in Zuid-Europa bedroeg in de jaren 2010 US$99,7 miljard per jaar, en was vergelijkbaar met West-Europa (US$99,6 miljard). Het aandeel in de wereld was 3,1%, en 27,3% in Europa.

Het aandeel van de landbouw in de economie van Zuid-Europa was 2,7% in de jaren 2010, en was vergelijkbaar met Zuidelijk Afrika (2,7%), Finland (2,7%), Slowakije (2,7%).

De waarde van de landbouw per hoofd in Zuid-Europa was $652,0 in de jaren 2010s, en was vergelijkbaar met Frans-Polynesië (US$640,4), Frankrijk (US$637,6). De landbouw per hoofd in Zuid-Europa was 50,9% hoger dan de landbouw per hoofd van de bevolking in de wereld ($432,1), en was 32,6% hoger dan de landbouw per hoofd van de bevolking in Europa ($432,1).

De groei van de landbouw in Zuid-Europa bedroeg 0.9% in de jaren 2010. De groei van de landbouw in Zuid-Europa (0,93%) was minder dan de groei van de landbouw in de wereld (2,9%), was groter dan de groei van de landbouw in Europa (0,73%).

Vergelijking met subregio's. De sector van de landbouw in Zuid-Europa was 0,18% groter dan in West-Europa (US$99,6 miljard) en 99,0% groter dan in Noord-Europa (US$50,1 miljard); maar 14,3% minder dan in Oost-Europa (US$116,4 miljard). De toegevoegde waarde van de landbouw per hoofd in Zuid-Europa was in Zuid-Europa27,0% groter dan in West-Europa (US$513,5), 33,9% groter dan in Noord-Europa (US$487,0) en 64,8% groter dan in Oost-Europa (US$395,6). De groei van de landbouw in Zuid-Europa was groter dan in West-Europa (-0,65%); maar minder dan in Noord-Europa (2,0%) en in Oost-Europa (1,2%).

Leiders. De landbouw van Zuid-Europa in de jaren 2010 bestond uit: Italië (40,4%), Spanje (35,3%), Griekenland (8,0%), Portugal (4,6%), Servië (3,1%), en andere (8,7%). Het aandeel van de landbouw in economie van de leiders: Servië (8,0%), Griekenland (4,0%), Spanje (2,9%), Portugal (2,3%) en Italië (2,2%). De waarde van de landbouw per hoofd in Zuid-Europa onder de leiders: Spanje ($751,0), Griekenland ($750,0), Italië ($669,0), Portugal ($439,2) en Servië ($428,1). De groei van de landbouw onder de leiders: Spanje (2,0%), Griekenland (1,7%), Servië (1,3%), Portugal (1,2%) en Italië (0,056%).

Hoofdstuk V. Industrie

Mijnbouw, productie, nutsbedrijven (ISIC C-E)

De industrie van Zuid-Europa steeg van US$110,8 miljard per jaar in de jaren 1970 tot US$654,8 miljard per jaar in de jaren 2010, dat wil zeggen met US$543,9 miljard of 5,9 keer. De verandering vond plaats op US$469,2 miljard als gevolg van een 3,5-voudige stijging van de prijzen, en ook op US$57,7 miljard als gevolg van een 1,5-voudige toename van de productiviteit , evenals op US$17,1 miljard als gevolg van de toename van de bevolking. De gemiddelde jaarlijkse groei van de industrie is 1,7%. De minimumwaarde van de industrie bedroeg US$51,2 miljard in 1970. De maximumwaarde van de industrie bedroeg US$816,7 miljard in 2008.

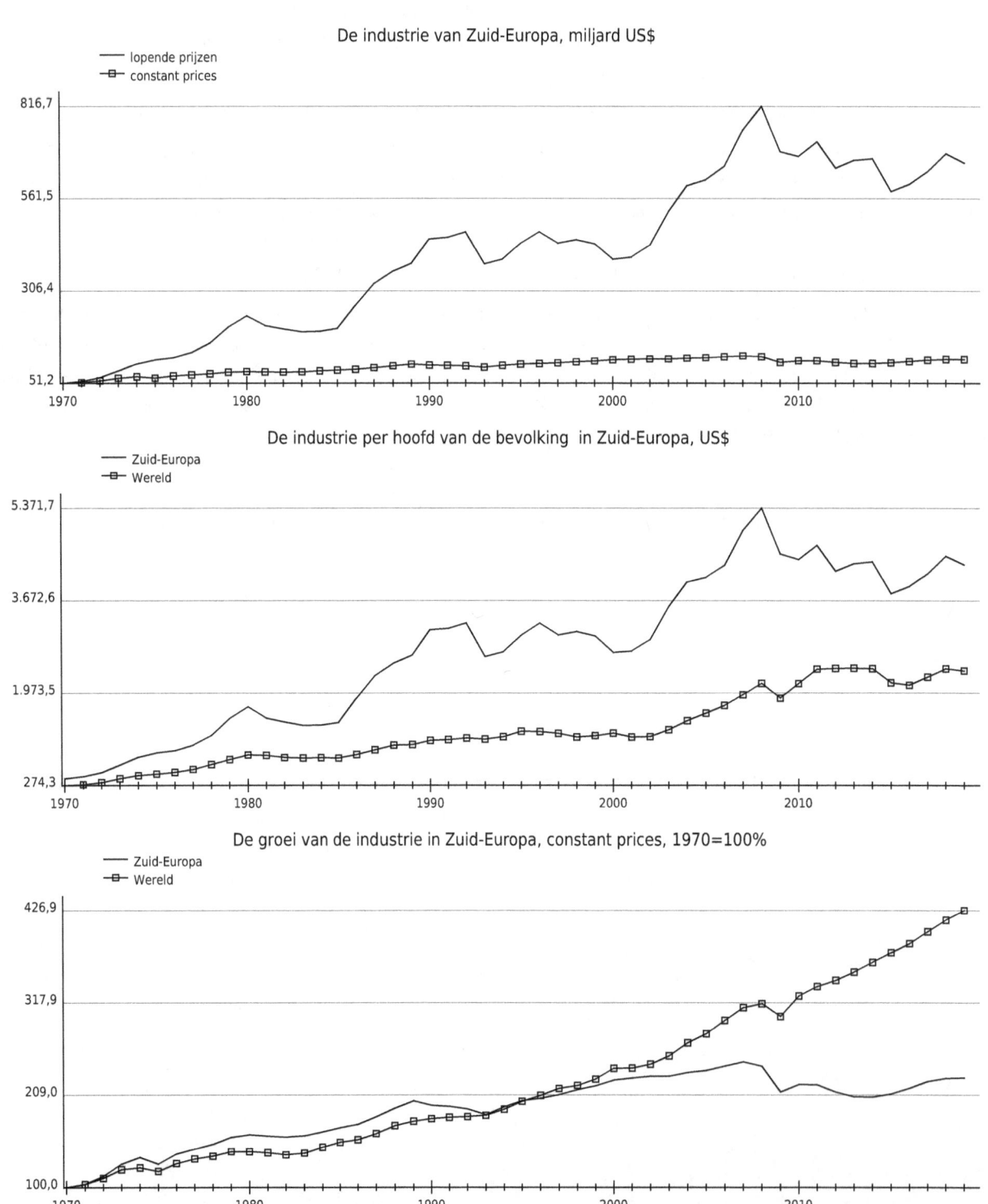

De industrie van Zuid-Europa, miljard US$

De industrie per hoofd van de bevolking in Zuid-Europa, US$

De groei van de industrie in Zuid-Europa, constant prices, 1970=100%

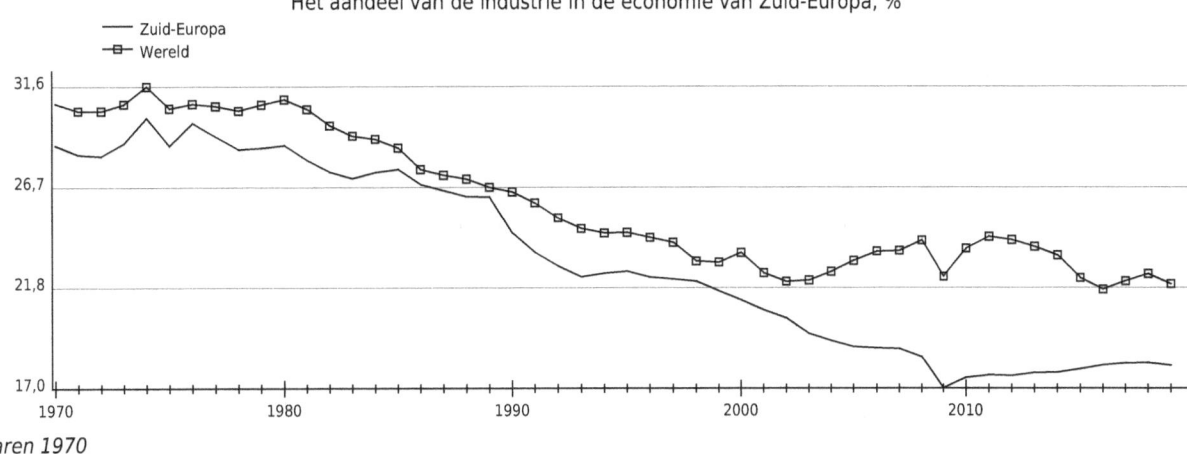

Het aandeel van de industrie in de economie van Zuid-Europa, %
— Zuid-Europa
–▣– Wereld

de jaren 1970

De toegevoegde waarde van de industrie in Zuid-Europa bedroeg in de jaren 1970 US$110,8 miljard per jaar, en was vergelijkbaar met Noord-Europa (US$113,4 miljard). Het aandeel in de wereld was 5,7%, en 13,5% in Europa.

Het aandeel van de industrie in de economie van Zuid-Europa was 28,9% in de jaren 1970, en was vergelijkbaar met Canada (28,9%), Nigeria (28,9%).

De sector van de industrie per hoofd in Zuid-Europa was $836,0 in de jaren 1970s, en was vergelijkbaar met Spanje (US$836,9). De waarde van de industrie per hoofd in Zuid-Europa was 74,0% hoger dan de industrie per hoofd van de bevolking in de wereld ($480,5), en was 26,1% lager dan de industrie per hoofd van de bevolking in Europa ($480,5).

De groei van de industrie in Zuid-Europa bedroeg 5.3% in de jaren 1970, en was vergelijkbaar met Tsjecho-Slowakije (5,3%), de Caraïben (5,3%). De groei van de industrie in Zuid-Europa (5,3%) was groter dan de groei van de industrie in de wereld (4,0%), was groter dan de groei van de industrie in Europa (3,6%).

Vergelijking met subregio's. De waarde van de industrie in Zuid-Europa was minder dan in West-Europa (US$298,8 miljard), in Oost-Europa (US$297,8 miljard) en in Noord-Europa (US$113,4 miljard). De industrie per hoofd in Zuid-Europa was in Zuid-Europa minder dan in West-Europa (US$1.757,8), in Noord-Europa (US$1.395,7) en in Oost-Europa (US$871,9). De groei van de industrie in Zuid-Europa was groter dan in West-Europa (2,5%) en in Noord-Europa (2,5%); maar minder dan in Oost-Europa (5,8%).

Leiders. De industrie van Zuid-Europa in de jaren 1970 bestond uit: Italië (54,2%), Spanje (26,9%), Joegoslavië (9,6%), Griekenland (5,3%), Portugal (3,0%). Het aandeel van de industrie in economie van de leiders: Joegoslavië (34,5%), Spanje (29,8%), Italië (29,5%), Portugal (21,5%) en Griekenland (20,2%). De toegevoegde waarde van de industrie per hoofd in Zuid-Europa onder de leiders: Italië ($1.092,7), Spanje ($836,9), Griekenland ($652,0), Joegoslavië ($504,0) en Portugal ($364,9). De groei van de industrie onder de leiders: Griekenland (7,3%), Joegoslavië (6,0%), Portugal (5,4%), Spanje (5,1%) en Italië (5,1%).

de jaren 1980

De waarde van de industrie in Zuid-Europa bedroeg in de jaren 1980 US$257,8 miljard per jaar. Het aandeel in de wereld was 6,2%, en 17,4% in Europa.

Het aandeel van de industrie in de economie van Zuid-Europa was 27,1% in de jaren 1980, en was vergelijkbaar met Noord-Europa (27,1%), Marokko (27,0%), Mauritius (27,0%).

De waarde van de industrie per hoofd in Zuid-Europa was $1.824,3 in de jaren 1980s, en was vergelijkbaar met Nieuw-Caledonië (US$1.852,7). De industrie per hoofd in Zuid-Europa was in 2,1 keer hoger dan de industrie per hoofd van de bevolking in de wereld ($861,8), en was 5,7% lager dan de industrie per hoofd van de bevolking in Europa ($861,8).

De groei van de industrie in Zuid-Europa bedroeg 2.4% in de jaren 1980. De groei van de industrie in Zuid-Europa (2,4%) was groter dan de groei van de industrie in de wereld (2,3%), was groter dan de groei van de industrie in Europa (2,3%).

Vergelijking met subregio's. De sector van de industrie in Zuid-Europa was minder dan in West-Europa (US$573,2 miljard), in Oost-Europa (US$388,2 miljard) en in Noord-Europa (US$265,1 miljard). De sector van de industrie per hoofd in Zuid-Europa was in Zuid-Europa groter dan in Oost-Europa (US$1.048,8); maar minder dan in West-Europa (US$3,3 duizend) en in Noord-Europa (US$3,2 duizend). De groei van de industrie in Zuid-Europa was groter dan in Noord-Europa (2,1%) en in West-Europa (1,3%); maar minder dan in Oost-Europa (4,0%).

Leiders. De waarde van de industrie in Zuid-Europa in de jaren 1980 bestond uit: Italië (57,5%), Spanje (24,4%), Joegoslavië (10,1%), Griekenland (4,6%), Portugal (2,9%). Het aandeel van de industrie in economie van de leiders: Joegoslavië (40,6%), Italië (26,7%), Spanje (26,6%), Portugal (21,4%) en Griekenland (20,5%). De sector van de industrie per hoofd in Zuid-Europa onder de leiders: Italië ($2.607,9), Spanje ($1.630,8), Griekenland ($1.183,7), Joegoslavië ($1.148,8) en Portugal ($755,5). De groei van de industrie onder de leiders: Joegoslavië (4,6%), Portugal (3,2%), Italië (2,3%), Spanje (2,0%) en Griekenland (1,3%).

de jaren 1990

De industrie van Zuid-Europa bedroeg in de jaren 1990 US$437,7 miljard per jaar, en was vergelijkbaar met Noord-Europa (US$442,0 miljard). Het aandeel in de wereld was 6,5%, en 20,3% in Europa.

Het aandeel van de industrie in de economie van Zuid-Europa was 22,7% in de jaren 1990, en was vergelijkbaar met Kameroen (22,8%), Bulgarije (22,8%), Zwitserland (22,8%).

De toegevoegde waarde van de industrie per hoofd in Zuid-Europa was $3.037,7 in de jaren 1990s, en was vergelijkbaar met Oceanië (US$3,1 duizend), Spanje (US$3,0 duizend). De sector van de industrie per hoofd in Zuid-Europa was in 2,6 keer hoger dan de industrie per hoofd van de bevolking in de wereld ($1.175,6), en was 2,6% hoger dan de industrie per hoofd van de bevolking in Europa ($1.175,6).

De groei van de industrie in Zuid-Europa bedroeg 0.8% in de jaren 1990, en was vergelijkbaar met Polynesië (0,84%). De groei van de industrie in Zuid-Europa (0,84%) was minder dan de groei van de industrie in de wereld (2,5%), was groter dan de groei van de industrie in Europa (0,0047%).

Vergelijking met subregio's. De sector van de industrie in Zuid-Europa was groter dan in Oost-Europa (US$242,8 miljard); maar minder dan in West-Europa (US$1,0 biljoen) en in Noord-Europa (US$442,0 miljard). De sector van de industrie per hoofd in Zuid-Europa was in Zuid-Europa groter dan in Oost-Europa (US$786,1); maar minder dan in West-Europa (US$5,7 duizend) en in Noord-Europa (US$4,8 duizend). De groei van de industrie in Zuid-Europa was groter dan in Oost-Europa (-6,4%); maar minder dan in Noord-Europa (2,6%) en in West-Europa (1,2%).

Leiders. De sector van de industrie in Zuid-Europa in de jaren 1990 bestond uit: Italië (59,3%), Spanje (27,2%), Portugal (4,7%), Griekenland (4,2%), Servië (1,5%), en andere (3,0%). Het aandeel van de industrie in economie van de leiders: Servië (29,7%), Italië (23,6%), Spanje (21,8%), Portugal (21,6%) en Griekenland (16,0%). De industrie per hoofd in Zuid-Europa onder de leiders: Italië ($4.551,2), Spanje ($2.999,3), Portugal ($2.044,8), Griekenland ($1.731,0) en Servië ($710,0). De groei van de industrie onder de leiders: Portugal (3,0%), Spanje (2,3%), Griekenland (1,2%), Italië (1,0%) en Servië (-7,0%).

de jaren 2000

De sector van de industrie in Zuid-Europa bedroeg in de jaren 2000 US$587,2 miljard per jaar. Het aandeel in de wereld was 5,7%, en 20,1% in Europa.

Het aandeel van de industrie in de economie van Zuid-Europa was 19,1% in de jaren 2000, en was vergelijkbaar met Burkina Faso (19,1%), Bangladesh (18,9%).

De toegevoegde waarde van de industrie per hoofd in Zuid-Europa was $3.943,3 in de jaren 2000s, en was vergelijkbaar met Europa (US$4,0 duizend). De industrie per hoofd in Zuid-Europa was in 2,5 keer hoger dan de industrie per hoofd van de bevolking in de wereld ($1.573,8), en was 1,4% lager dan de industrie per hoofd van de bevolking in Europa ($1.573,8).

De groei van de industrie in Zuid-Europa bedroeg -0.3% in de jaren 2000. De groei van de industrie in Zuid-Europa (-0,34%) was minder dan de groei van de industrie in de wereld (2,9%), was minder dan de groei van de industrie in Europa (0,63%).

Vergelijking met subregio's. De sector van de industrie in Zuid-Europa was groter dan in Oost-Europa (US$411,2 miljard); maar minder dan in West-Europa (US$1,3 biljoen) en in Noord-Europa (US$663,4 miljard). De toegevoegde waarde van de industrie per hoofd in Zuid-Europa was in Zuid-Europa groter dan in Oost-Europa (US$1.376,6); maar minder dan in Noord-Europa (US$6,9 duizend) en in West-Europa (US$6,7 duizend). De groei van de industrie in Zuid-Europa was minder dan in Oost-Europa (4,0%), in West-Europa (0,46%) en in Noord-Europa (-0,32%).

Leiders. De toegevoegde waarde van de industrie in Zuid-Europa in de jaren 2000 bestond uit: Italië (54,6%), Spanje (30,5%), Portugal (5,0%), Griekenland (4,8%), Slovenië (1,4%), en andere (3,6%). Het aandeel van de industrie in economie van de leiders: Slovenië (26,9%), Italië (20,3%), Spanje (18,1%), Portugal (17,9%) en Griekenland (13,3%). De waarde van de industrie per hoofd in Zuid-Europa onder de leiders: Italië ($5.531,8), Slovenië ($4.225,5), Spanje ($4.104,7), Portugal ($2.804,9) en Griekenland ($2.541,2). De groei van de industrie onder de leiders: Slovenië (3,1%), Griekenland (1,4%), Spanje (0,73%), Portugal (-0,15%) en Italië (-1,4%).

de jaren 2010

De sector van de industrie in Zuid-Europa bedroeg in de jaren 2010 US$654,8 miljard per jaar. Het aandeel in de wereld was 3,8%, en 17,3% in Europa.

Het aandeel van de industrie in de economie van Zuid-Europa was 17,9% in de jaren 2010, en was vergelijkbaar met Tadzjikistan (17,8%).

De waarde van de industrie per hoofd in Zuid-Europa was $4.280,5 in de jaren 2010s, en was vergelijkbaar met Spanje (US$4,3 duizend), Zuidwest-Azië (US$4,3 duizend), Libië (US$4,3 duizend). De waarde van de industrie per hoofd in Zuid-Europa was 84,4% hoger dan de industrie per hoofd van de bevolking in de wereld ($2.320,9), en was 15,9% lager dan de industrie per hoofd van de bevolking in Europa ($2.320,9).

De groei van de industrie in Zuid-Europa bedroeg 0.8% in de jaren 2010, en was vergelijkbaar met Spanje (0,76%), Tuvalu (0,77%), Gabon (0,77%). De groei van de industrie in Zuid-Europa (0,77%) was minder dan de groei van de industrie in de wereld (3,5%), was minder dan de groei van de industrie in Europa (2,0%).

Vergelijking met subregio's. De sector van de industrie in Zuid-Europa was 2,5 keer minder dan in West-Europa (US$1,6 biljoen), 16,1% minder dan in Noord-Europa (US$780,4 miljard) en 12,2% minder dan in Oost-Europa (US$746,0 miljard). De industrie per hoofd in Zuid-Europa was in Zuid-Europa68,9% groter dan in Oost-Europa (US$2,5 duizend); maar 48,3% minder dan in West-Europa (US$8,3 duizend) en 43,6% minder dan in Noord-Europa (US$7,6 duizend). De groei van de industrie in Zuid-Europa was minder dan in Oost-Europa (2,5%), in West-Europa (2,4%) en in Noord-Europa (1,7%).

Leiders. De sector van de industrie in Zuid-Europa in de jaren 2010 bestond uit: Italië (53,6%), Spanje (30,6%), Portugal (5,3%), Griekenland (4,2%), Slovenië (1,7%), en andere (4,6%). Het aandeel van de industrie in economie van de leiders: Slovenië (26,3%), Italië (19,0%), Portugal (17,5%), Spanje (16,3%) en Griekenland (13,5%). De waarde van de industrie per hoofd in Zuid-Europa onder de leiders: Italië ($5.828,6), Slovenië ($5.416,5), Spanje ($4.285,0), Portugal ($3.314,9) en Griekenland ($2.560,5). De groei van de industrie onder de leiders: Slovenië (3,2%), Portugal (1,4%), Italië (1,00%), Spanje (0,76%) en Griekenland (-3,4%).

Hoofdstuk 5.1. Fabricage

(ISIC D)

De toegevoegde waarde van de fabricage in Zuid-Europa steeg van US$97,7 miljard per jaar in de jaren 1970 tot US$524,1 miljard per jaar in de jaren 2010, dat wil zeggen met US$426,4 miljard of 5,4 keer. De verandering vond plaats op US$353,7 miljard als gevolg van een 3,1-voudige stijging van de prijzen, en ook op US$57,6 miljard als gevolg van een 1,5-voudige toename van de productiviteit , evenals op US$15,0 miljard als gevolg van de toename van de bevolking. De gemiddelde jaarlijkse groei van de fabricage is 1,9%. De minimumwaarde van de fabricage bedroeg US$44,8 miljard in 1970. De maximumwaarde van de fabricage bedroeg US$674,7 miljard in 2008.

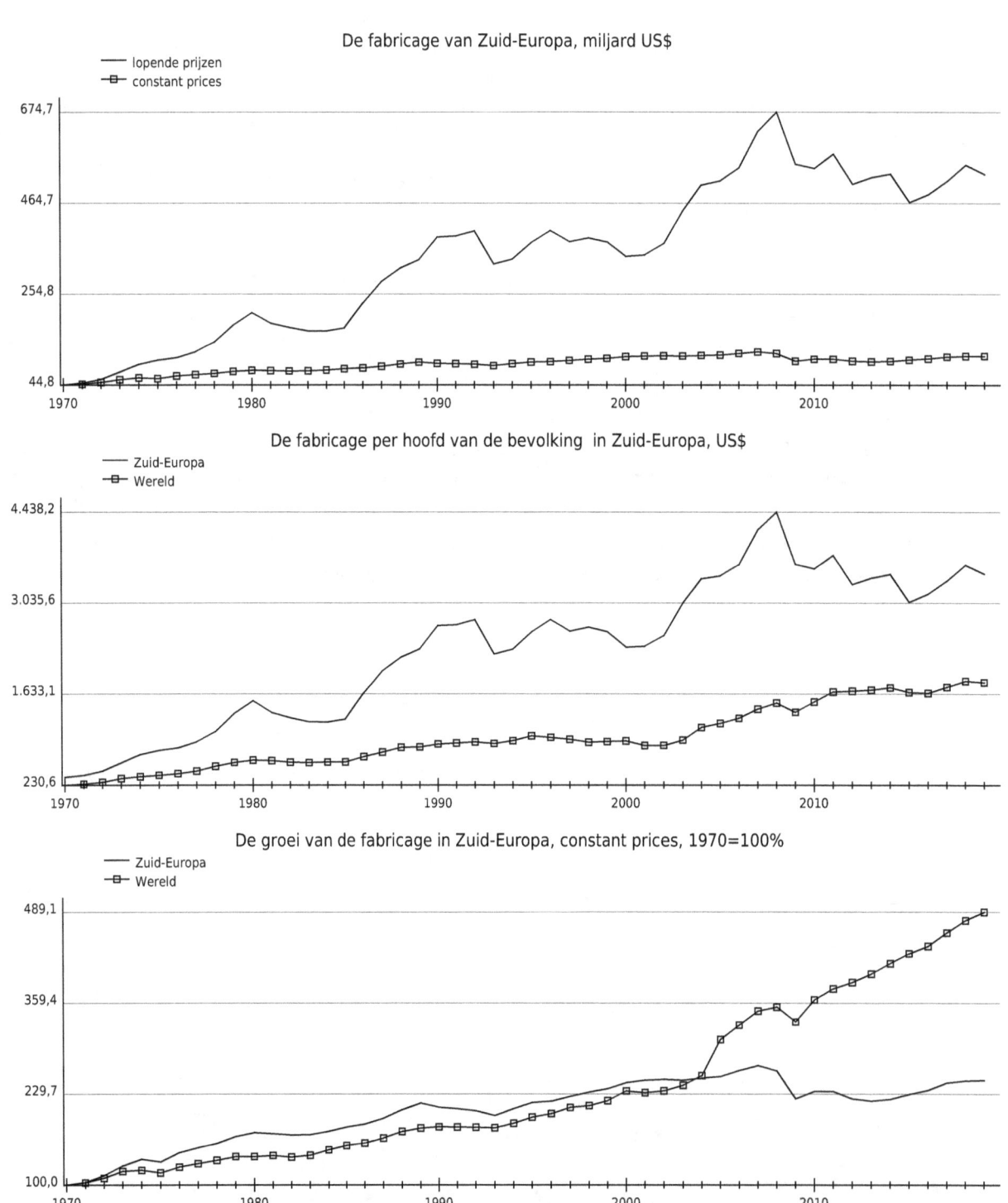

De fabricage van Zuid-Europa, miljard US$

De fabricage per hoofd van de bevolking in Zuid-Europa, US$

De groei van de fabricage in Zuid-Europa, constant prices, 1970=100%

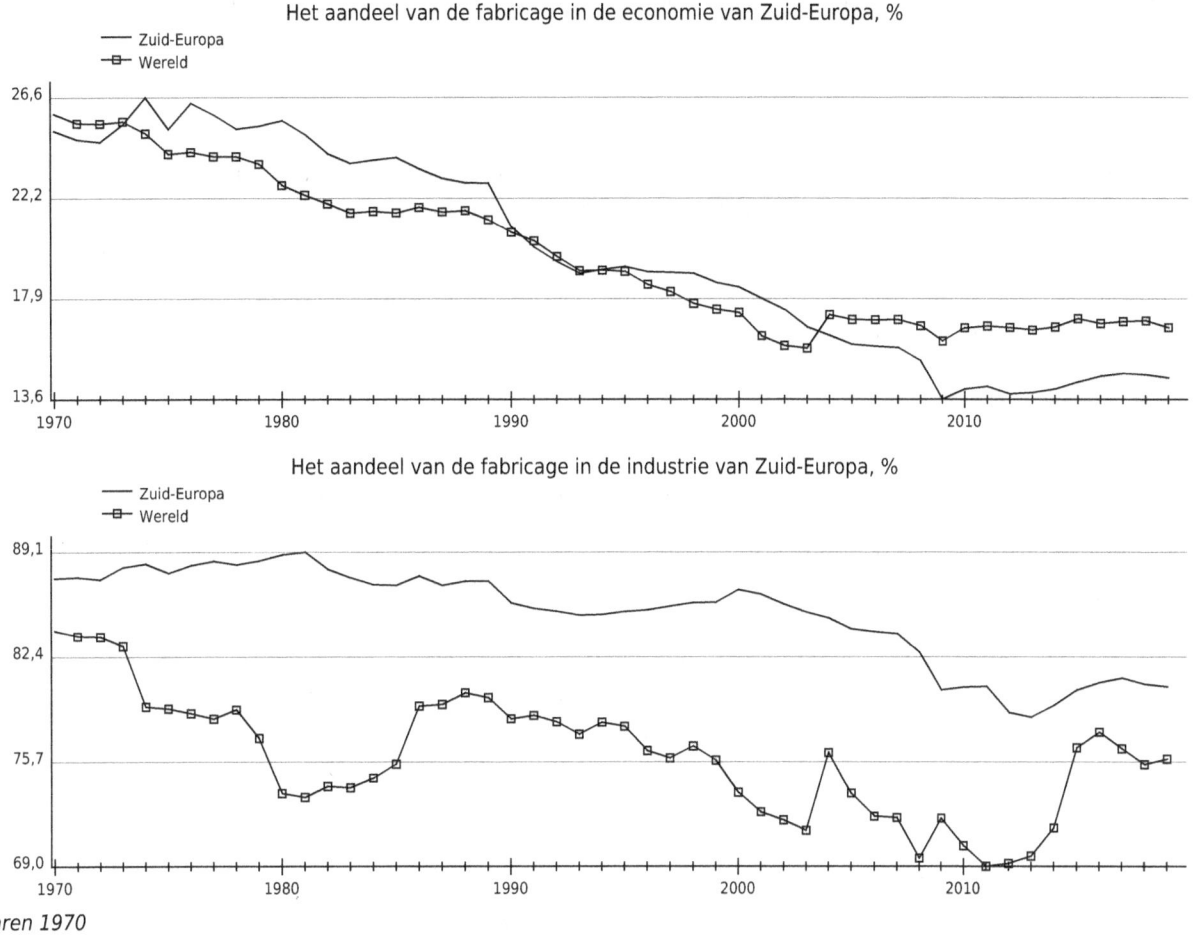

Het aandeel van de fabricage in de economie van Zuid-Europa, %

Het aandeel van de fabricage in de industrie van Zuid-Europa, %

de jaren 1970

De waarde van de fabricage in Zuid-Europa bedroeg in de jaren 1970 US$97,7 miljard per jaar. Het aandeel in de wereld was 6,3%, en 13,2% In Europa.

Het aandeel van de fabricage in de economie van Zuid-Europa was 25,5% in de jaren 1970, en was vergelijkbaar met Ghana (25,5%), Bulgarije (25,3%).

De toegevoegde waarde van de fabricage per hoofd in Zuid-Europa was $736,8 in de jaren 1970s. De fabricage per hoofd in Zuid-Europa was 92,3% hoger dan de fabricage per hoofd van de bevolking in de wereld ($383,2), en was 27,7% lager dan de fabricage per hoofd van de bevolking in Europa ($383,2).

De groei van de fabricage in Zuid-Europa bedroeg 6% in de jaren 1970, en was vergelijkbaar met Polen (6,0%), Jemen (6,1%). De groei van de fabricage in Zuid-Europa (6,0%) was groter dan de groei van de fabricage in de wereld (3,8%), was groter dan de groei van de fabricage in Europa (3,5%).

Vergelijking met subregio's. De toegevoegde waarde van de fabricage in Zuid-Europa was groter dan in Noord-Europa (US$91,5 miljard); maar minder dan in Oost-Europa (US$288,9 miljard) en in West-Europa (US$261,3 miljard). De sector van de fabricage per hoofd in Zuid-Europa was in Zuid-Europa minder dan in West-Europa (US$1.537,5), in Noord-Europa (US$1.126,2) en in Oost-Europa (US$845,6). De groei van de fabricage in Zuid-Europa was groter dan in Oost-Europa (5,9%), in West-Europa (2,4%) en in Noord-Europa (2,0%).

Leiders. De waarde van de fabricage in Zuid-Europa in de jaren 1970 bestond uit: Italië (56,6%), Spanje (25,3%), Joegoslavië (9,3%), Griekenland (5,1%), Portugal (3,1%). Het aandeel van de fabricage in economie van de leiders: Joegoslavië (29,5%), Italië (27,1%), Spanje (24,6%), Portugal (19,4%) en Griekenland (17,2%). De sector van de fabricage per hoofd in Zuid-Europa onder de leiders: Italië ($1.005,2), Spanje ($692,0), Griekenland ($555,4), Joegoslavië ($431,3) en Portugal ($329,6). De groei van de fabricage onder de leiders: Griekenland (6,8%), Italië (6,4%), Joegoslavië (6,2%), Portugal (5,3%) en Spanje (5,1%).

de jaren 1980

De waarde van de fabricage in Zuid-Europa bedroeg in de jaren 1980 US$225,7 miljard per jaar. Het aandeel in de wereld was 7,1%, en 17,6% in Europa.

Het aandeel van de fabricage in de economie van Zuid-Europa was 23,7% in de jaren 1980, en was vergelijkbaar met Hongarije (23,6%), West-Europa (23,6%), Costa Rica (23,9%).

De waarde van de fabricage per hoofd in Zuid-Europa was $1.597,2 in de jaren 1980s, en was vergelijkbaar met Amerika (US$1.597,5), Israël (US$1.637,9). De toegevoegde waarde van de fabricage per hoofd in Zuid-Europa was in 2,4 keer hoger dan de fabricage per hoofd van de bevolking in de wereld ($661,2), en was 4,5% lager dan de fabricage per hoofd van de bevolking in Europa ($661,2).

De groei van de fabricage in Zuid-Europa bedroeg 2.5% in de jaren 1980, en was vergelijkbaar met Irak (2,5%), Zuidelijk Afrika (2,5%), Zweden (2,5%). De groei van de fabricage in Zuid-Europa (2,5%) was minder dan de groei van de fabricage in de wereld (2,6%), was groter dan de groei van de fabricage in Europa (2,1%).

Vergelijking met subregio's. De toegevoegde waarde van de fabricage in Zuid-Europa was groter dan in Noord-Europa (US$195,0 miljard); maar minder dan in West-Europa (US$489,2 miljard) en in Oost-Europa (US$373,7 miljard). De sector van de fabricage per hoofd in Zuid-Europa was in Zuid-Europa groter dan in Oost-Europa (US$1.009,6); maar minder dan in West-Europa (US$2,8 duizend) en in Noord-Europa (US$2,4 duizend). De groei van de fabricage in Zuid-Europa was groter dan in Noord-Europa (1,7%) en in West-Europa (1,4%); maar minder dan in Oost-Europa (4,0%).

Leiders. De sector van de fabricage in Zuid-Europa in de jaren 1980 bestond uit: Italië (59,4%), Spanje (23,0%), Joegoslavië (10,1%), Griekenland (4,1%), Portugal (2,9%). Het aandeel van de fabricage in economie van de leiders: Joegoslavië (35,4%), Italië (24,2%), Spanje (22,0%), Portugal (18,8%) en Griekenland (16,3%). De sector van de fabricage per hoofd in Zuid-Europa onder de leiders: Italië ($2.359,9), Spanje ($1.348,4), Joegoslavië ($1.003,6), Griekenland ($939,8) en Portugal ($661,5). De groei van de fabricage onder de leiders: Joegoslavië (5,2%), Portugal (3,2%), Italië (2,5%), Spanje (2,0%) en Griekenland (0,46%).

de jaren 1990

De waarde van de fabricage in Zuid-Europa bedroeg in de jaren 1990 US$374,1 miljard per jaar. Het aandeel in de wereld was 7,2%, en 21,1% in Europa.

Het aandeel van de fabricage in de economie van Zuid-Europa was 19,4% in de jaren 1990, en was vergelijkbaar met Zwitserland (19,6%).

De toegevoegde waarde van de fabricage per hoofd in Zuid-Europa was $2.596,4 in de jaren 1990s, en was vergelijkbaar met Nieuw-Zeeland (US$2,6 duizend), Australazië (US$2,6 duizend), Australië (US$2,6 duizend). De fabricage per hoofd in Zuid-Europa was in 2,9 keer hoger dan de fabricage per hoofd van de bevolking in de wereld ($908,4), en was 6,3% hoger dan de fabricage per hoofd van de bevolking in Europa ($908,4).

De groei van de fabricage in Zuid-Europa bedroeg 0.9% in de jaren 1990, en was vergelijkbaar met Micronesië (0,89%). De groei van de fabricage in Zuid-Europa (0,90%) was minder dan de groei van de fabricage in de wereld (2,0%), was groter dan de groei van de fabricage in Europa (0,24%).

Vergelijking met subregio's. De waarde van de fabricage in Zuid-Europa was groter dan in Noord-Europa (US$339,0 miljard) en in Oost-Europa (US$177,6 miljard); maar minder dan in West-Europa (US$884,7 miljard). De toegevoegde waarde van de fabricage per hoofd in Zuid-Europa was in Zuid-Europa groter dan in Oost-Europa (US$575,1); maar minder dan in West-Europa (US$4,9 duizend) en in Noord-Europa (US$3,7 duizend). De groei van de fabricage in Zuid-Europa was groter dan in Oost-Europa (-6,1%); maar minder dan in Noord-Europa (2,0%) en in West-Europa (1,2%).

Leiders. De sector van de fabricage in Zuid-Europa in de jaren 1990 bestond uit: Italië (60,9%), Spanje (26,5%), Portugal (4,6%), Griekenland (3,7%), Servië (1,4%), en andere (2,8%). Het aandeel van de fabricage in economie van de leiders: Servië (23,7%), Italië (20,7%), Portugal (18,2%), Spanje (18,2%) en Griekenland (12,0%). De sector van de fabricage per hoofd in Zuid-Europa onder de leiders: Italië ($3.994,1), Spanje ($2.497,5), Portugal ($1.719,4), Griekenland ($1.298,3) en Servië ($568,3). De groei van de fabricage onder de leiders: Spanje (2,5%), Portugal (2,3%), Italië (1,2%), Griekenland (0,26%) en Servië (-6,7%).

de jaren 2000

De toegevoegde waarde van de fabricage in Zuid-Europa bedroeg in de jaren 2000 US$493,4 miljard per jaar. Het aandeel in de wereld was 6,7%, en 21,3% in Europa.

Het aandeel van de fabricage in de economie van Zuid-Europa was 16,0% in de jaren 2000, en was vergelijkbaar met Mali (16,0%), Ecuador (16,0%), Brunei (15,9%).

De toegevoegde waarde van de fabricage per hoofd in Zuid-Europa was $3.313,4 in de jaren 2000s, en was vergelijkbaar met Australazië (US$3,3 duizend), Australië (US$3,4 duizend), Spanje (US$3,4 duizend). De waarde van de fabricage per hoofd in Zuid-Europa was in 2,9 keer hoger dan de fabricage per hoofd van de bevolking in de wereld ($1.138,1), en was 4,8% hoger dan de fabricage per hoofd van de bevolking in Europa ($1.138,1).

De groei van de fabricage in Zuid-Europa bedroeg -0.6% in de jaren 2000. De groei van de fabricage in Zuid-Europa (-0,62%) was minder dan de groei van de fabricage in de wereld (4,2%), was minder dan de groei van de fabricage in Europa (0,69%).

Vergelijking met subregio's. De waarde van de fabricage in Zuid-Europa was groter dan in Noord-Europa (US$460,5 miljard) en in Oost-Europa (US$278,4 miljard); maar minder dan in West-Europa (US$1,1 biljoen). De toegevoegde waarde van de fabricage per hoofd in Zuid-Europa was in Zuid-Europa groter dan in Oost-Europa (US$932,0); maar minder dan in West-Europa (US$5,8 duizend) en in Noord-Europa (US$4,8 duizend). De groei van de fabricage in Zuid-Europa was minder dan in Oost-Europa (4,9%), in West-Europa (0,55%) en in Noord-Europa (-0,018%).

Leiders. De fabricage van Zuid-Europa in de jaren 2000 bestond uit: Italië (56,2%), Spanje (30,0%), Portugal (4,9%), Griekenland (4,2%), Slovenië (1,5%), en andere (3,2%). Het aandeel van de fabricage in economie van de leiders: Slovenië (23,1%), Italië (17,5%), Spanje (14,9%), Portugal (14,6%) en Griekenland (9,7%). De fabricage per hoofd in Zuid-Europa onder de leiders: Italië ($4.780,8), Slovenië ($3.621,7), Spanje ($3.394,0), Portugal ($2.289,8) en Griekenland ($1.862,0). De groei van de fabricage onder de leiders: Slovenië (3,4%), Griekenland (1,1%), Spanje (0,021%), Portugal (-0,90%) en Italië (-1,3%).

de jaren 2010

De fabricage van Zuid-Europa bedroeg in de jaren 2010 US$524,1 miljard per jaar, en was vergelijkbaar met Noord-Europa (US$535,3 miljard). Het aandeel in de wereld was 4,2%, en 18,1% in Europa.

Het aandeel van de fabricage in de economie van Zuid-Europa was 14,3% in de jaren 2010, en was vergelijkbaar met Venezuela (14,3%), Israël (14,2%).

De fabricage per hoofd in Zuid-Europa was $3.426,1 in de jaren 2010s, en was vergelijkbaar met de Verenigde Arabische Emiraten (US$3,4 duizend). De sector van de fabricage per hoofd in Zuid-Europa was in 2,0 keer hoger dan de fabricage per hoofd van de bevolking in de wereld ($1.697,4), en was 12,1% lager dan de fabricage per hoofd van de bevolking in Europa ($1.697,4).

De groei van de fabricage in Zuid-Europa bedroeg 1.1% in de jaren 2010. De groei van de fabricage in Zuid-Europa (1,1%) was minder dan de groei van de fabricage in de wereld (3,9%), was minder dan de groei van de fabricage in Europa (2,5%).

Vergelijking met subregio's. De sector van de fabricage in Zuid-Europa was 11,3% groter dan in Oost-Europa (US$471,0 miljard); maar 2,6 keer minder dan in West-Europa (US$1,4 biljoen) en 2,1% minder dan in Noord-Europa (US$535,3 miljard). De waarde van de fabricage per hoofd in Zuid-Europa was in Zuid-Europa2,1 keer groter dan in Oost-Europa (US$1.600,2); maar 2,1 keer minder dan in West-Europa (US$7,1 duizend) en 34,1% minder dan in Noord-Europa (US$5,2 duizend). De groei van de fabricage in Zuid-Europa was minder dan in Oost-Europa (3,2%), in West-Europa (2,8%) en in Noord-Europa (2,7%).

Leiders. De sector van de fabricage in Zuid-Europa in de jaren 2010 bestond uit: Italië (56,6%), Spanje (29,1%), Portugal (5,1%), Griekenland (3,5%), Slovenië (1,8%), en andere (4,0%). Het aandeel van de fabricage in economie van de leiders: Slovenië (22,4%), Italië (16,0%), Portugal (13,6%), Spanje (12,4%) en Griekenland (9,0%). De toegevoegde waarde van de fabricage per hoofd in Zuid-Europa onder de leiders: Italië ($4.919,3), Slovenië ($4.616,4), Spanje ($3.252,0), Portugal ($2.576,8) en Griekenland ($1.699,3). De groei van de fabricage onder de leiders: Slovenië (3,6%), Portugal (2,2%), Italië (1,5%), Spanje (0,66%) en Griekenland (-3,5%).

Hoofdstuk VI. Constructie

(ISIC F)

De toegevoegde waarde van de constructie in Zuid-Europa steeg van US$33,4 miljard per jaar in de jaren 1970 tot US$193,0 miljard per jaar in de jaren 2010, dat wil zeggen met US$159,7 miljard of 5,8 keer. De verandering vond plaats op US$161,2 miljard als gevolg van een 6,1-voudige stijging van de prijzen, en ook op -US$6,6 miljard als gevolg van een 1,2-voudige afname van de productiviteit , evenals op US$5,1 miljard als gevolg van de toename van de bevolking. De gemiddelde jaarlijkse groei van de constructie is -0,031%. De minimumwaarde van de constructie bedroeg US$16,9 miljard in 1970. De maximumwaarde van de constructie bedroeg US$348,4 miljard in 2008.

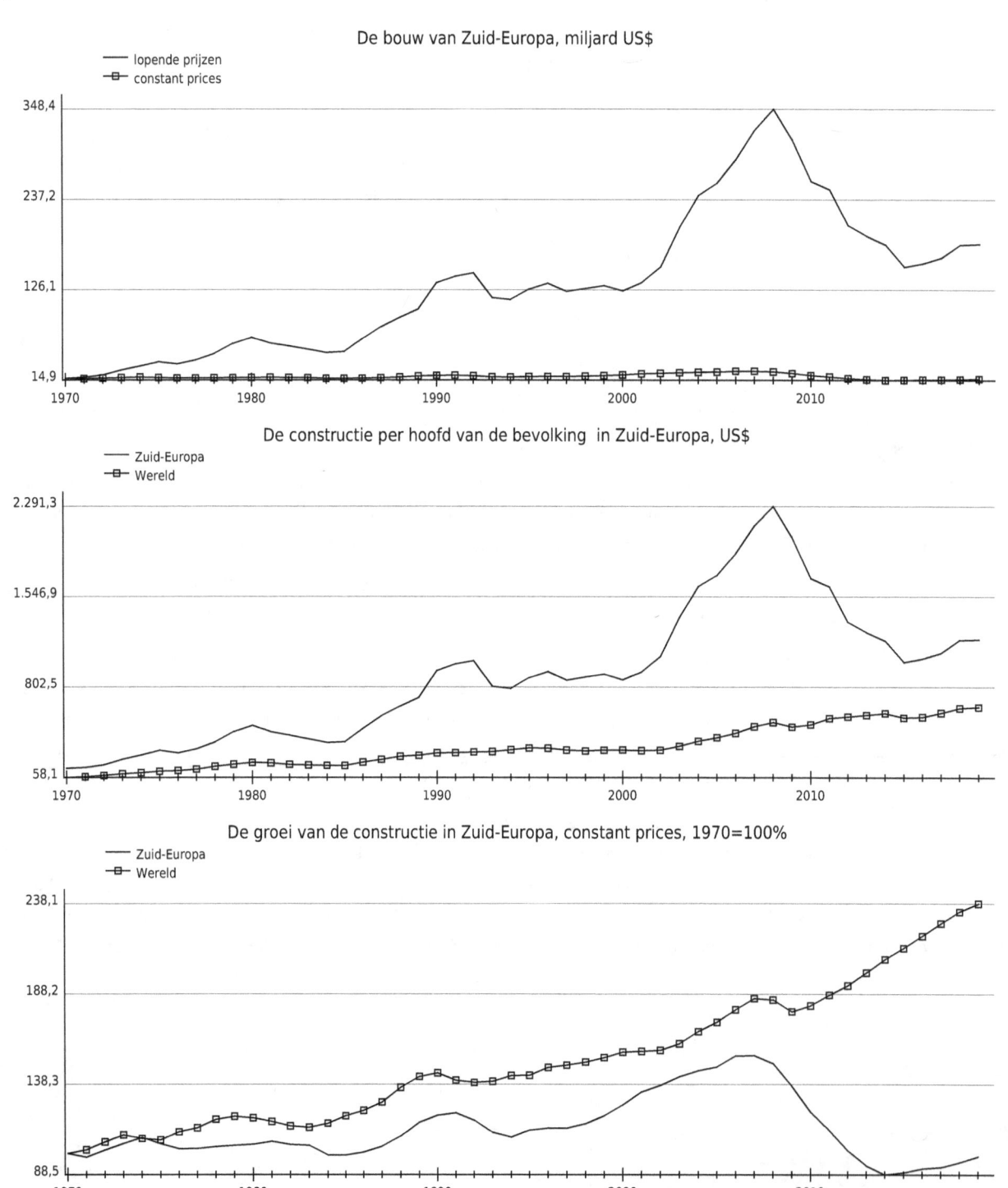

De bouw van Zuid-Europa, miljard US$

De constructie per hoofd van de bevolking in Zuid-Europa, US$

De groei van de constructie in Zuid-Europa, constant prices, 1970=100%

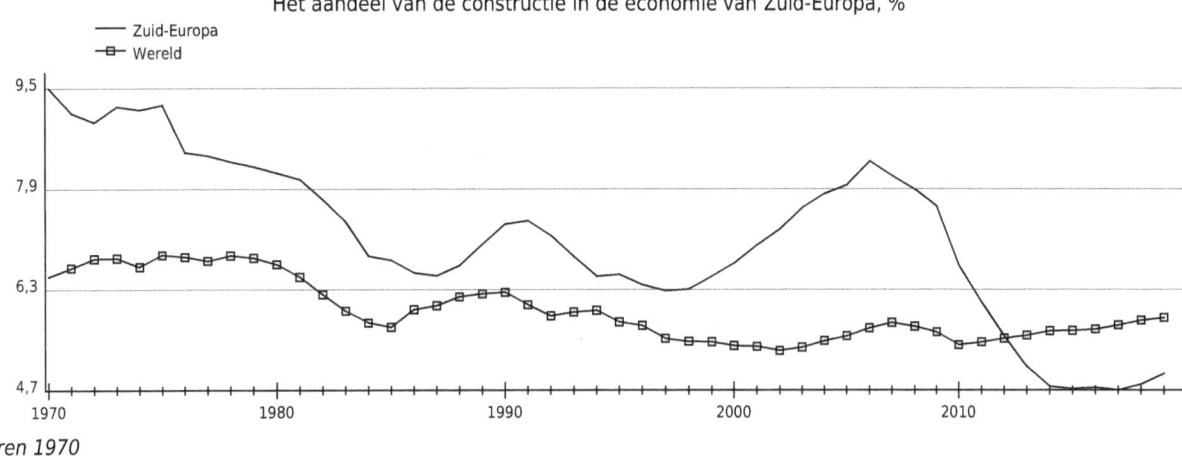

Het aandeel van de constructie in de economie van Zuid-Europa, %

de jaren 1970

De waarde van de constructie in Zuid-Europa bedroeg in de jaren 1970 US$33,4 miljard per jaar, en was vergelijkbaar met Duitsland (US$33,8 miljard). Het aandeel in de wereld was 7,8%, en 16,5% in Europa.

Het aandeel van de constructie in de economie van Zuid-Europa was 8,7% in de jaren 1970.

De sector van de constructie per hoofd in Zuid-Europa was $251,6 in de jaren 1970s. De waarde van de constructie per hoofd in Zuid-Europa was in 2,4 keer hoger dan de constructie per hoofd van de bevolking in de wereld ($106,1), en was 9,4% lager dan de constructie per hoofd van de bevolking in Europa ($106,1).

De groei van de constructie in Zuid-Europa bedroeg 0.5% in de jaren 1970. De groei van de constructie in Zuid-Europa (0,49%) was minder dan de groei van de constructie in de wereld (2,1%), was minder dan de groei van de constructie in Europa (1,3%).

Vergelijking met subregio's. De constructie van Zuid-Europa was groter dan in Noord-Europa (US$29,1 miljard); maar minder dan in West-Europa (US$75,0 miljard) en in Oost-Europa (US$64,0 miljard). De constructie per hoofd in Zuid-Europa was in Zuid-Europa groter dan in Oost-Europa (US$187,5); maar minder dan in West-Europa (US$441,4) en in Noord-Europa (US$358,4). De groei van de constructie in Zuid-Europa was groter dan in Noord-Europa (-0,12%); maar minder dan in Oost-Europa (6,2%) en in West-Europa (0,77%).

Leiders. De sector van de constructie in Zuid-Europa in de jaren 1970 bestond uit: Italië (47,9%), Spanje (31,6%), Joegoslavië (9,7%), Griekenland (7,0%), Portugal (2,7%), en andere (1,0%). Het aandeel van de constructie in economie van de leiders: Joegoslavië (10,6%), Spanje (10,5%), Griekenland (8,0%), Italië (7,8%) en Portugal (5,9%). De waarde van de constructie per hoofd in Zuid-Europa onder de leiders: Spanje ($295,7), Italië ($290,8), Griekenland ($258,5), Joegoslavië ($154,0) en Portugal ($99,4). De groei van de constructie onder de leiders: Joegoslavië (5,3%), Portugal (3,4%), Griekenland (3,2%), Spanje (0,19%) en Italië (-0,20%).

de jaren 1980

De sector van de constructie in Zuid-Europa bedroeg in de jaren 1980 US$67,6 miljard per jaar. Het aandeel in de wereld was 7,5%, en 19,0% in Europa.

Het aandeel van de constructie in de economie van Zuid-Europa was 7,1% in de jaren 1980, en was vergelijkbaar met Oost-Azië (7,1%), Turkije (7,1%), Polynesië (7,1%).

De bouw per hoofd in Zuid-Europa was $478,0 in de jaren 1980s, en was vergelijkbaar met Anguilla (US$478,5). De bouw per hoofd in Zuid-Europa was in 2,6 keer hoger dan de constructie per hoofd van de bevolking in de wereld ($186,2), en was 3,3% hoger dan de constructie per hoofd van de bevolking in Europa ($186,2).

De groei van de constructie in Zuid-Europa bedroeg 1.2% in de jaren 1980, en was vergelijkbaar met Polen (1,2%), Togo (1,2%), Angola (1,2%). De groei van de constructie in Zuid-Europa (1,2%) was minder dan de groei van de constructie in de wereld (1,7%), was minder dan de groei van de constructie in Europa (1,9%).

Vergelijking met subregio's. De sector van de constructie in Zuid-Europa was groter dan in Noord-Europa (US$63,1 miljard); maar minder dan in West-Europa (US$134,1 miljard) en in Oost-Europa (US$90,4 miljard). De sector van de constructie per hoofd in Zuid-Europa was in Zuid-Europa groter dan in Oost-Europa (US$244,4); maar minder dan in West-Europa (US$773,3) en in

Noord-Europa (US$762,6). De groei van de constructie in Zuid-Europa was groter dan in West-Europa (0,27%); maar minder dan in Oost-Europa (4,9%) en in Noord-Europa (3,2%).

Leiders. De constructie van Zuid-Europa in de jaren 1980 bestond uit: Italië (52,2%), Spanje (31,0%), Joegoslavië (7,6%), Griekenland (5,4%), Portugal (3,1%). Het aandeel van de constructie in economie van de leiders: Spanje (8,9%), Joegoslavië (8,0%), Griekenland (6,4%), Italië (6,4%) en Portugal (6,0%). De constructie per hoofd in Zuid-Europa onder de leiders: Italië ($620,6), Spanje ($543,1), Griekenland ($370,4), Joegoslavië ($226,2) en Portugal ($210,8). De groei van de constructie onder de leiders: Portugal (3,7%), Spanje (2,6%), Italië (0,70%), Griekenland (-1,3%) en Joegoslavië (-3,7%).

de jaren 1990

De constructie van Zuid-Europa bedroeg in de jaren 1990 US$129,8 miljard per jaar. Het aandeel in de wereld was 8,2%, en 23,5% in Europa.

Het aandeel van de constructie in de economie van Zuid-Europa was 6,7% in de jaren 1990, en was vergelijkbaar met Singapore (6,7%), Monaco (6,7%), Nieuw-Caledonië (6,7%).

De waarde van de constructie per hoofd in Zuid-Europa was $900,9 in de jaren 1990s, en was vergelijkbaar met Oceanië (US$881,0). De constructie per hoofd in Zuid-Europa was in 3,2 keer hoger dan de constructie per hoofd van de bevolking in de wereld ($278,6), en was 18,4% hoger dan de constructie per hoofd van de bevolking in Europa ($278,6).

De groei van de constructie in Zuid-Europa bedroeg 0.3% in de jaren 1990. De groei van de constructie in Zuid-Europa (0,30%) was minder dan de groei van de constructie in de wereld (0,71%), was groter dan de groei van de constructie in Europa (-1,7%).

Vergelijking met subregio's. De toegevoegde waarde van de constructie in Zuid-Europa was groter dan in Noord-Europa (US$104,8 miljard) en in Oost-Europa (US$58,7 miljard); maar minder dan in West-Europa (US$259,5 miljard). De sector van de constructie per hoofd in Zuid-Europa was in Zuid-Europa groter dan in Oost-Europa (US$190,2); maar minder dan in West-Europa (US$1.434,5) en in Noord-Europa (US$1.128,5). De groei van de constructie in Zuid-Europa was groter dan in Noord-Europa (-0,10%), in West-Europa (-0,19%) en in Oost-Europa (-9,8%).

Leiders. De sector van de constructie in Zuid-Europa in de jaren 1990 bestond uit: Italië (46,3%), Spanje (40,1%), Griekenland (5,5%), Portugal (4,7%), Servië (1,0%), en andere (2,3%). Het aandeel van de constructie in economie van de leiders: Spanje (9,5%), Portugal (6,5%), Griekenland (6,2%), Servië (5,9%) en Italië (5,5%). De sector van de constructie per hoofd in Zuid-Europa onder de leiders: Spanje ($1.309,7), Italië ($1.054,2), Griekenland ($669,8), Portugal ($612,3) en Servië ($140,3). De groei van de constructie onder de leiders: Portugal (2,4%), Griekenland (2,0%), Spanje (1,5%), Italië (-0,78%) en Servië (-8,9%).

de jaren 2000

De toegevoegde waarde van de constructie in Zuid-Europa bedroeg in de jaren 2000 US$238,5 miljard per jaar. Het aandeel in de wereld was 9,6%, en 28,4% in Europa.

Het aandeel van de constructie in de economie van Zuid-Europa was 7,7% in de jaren 2000, en was vergelijkbaar met Ierland (7,7%), Turkmenistan (7,7%), Centraal-Amerika (7,8%).

De sector van de constructie per hoofd in Zuid-Europa was $1.601,6 in de jaren 2000s, en was vergelijkbaar met West-Europa (US$1.612,8), Italië (US$1.566,5), België (US$1.642,6). De constructie per hoofd in Zuid-Europa was in 4,2 keer hoger dan de constructie per hoofd van de bevolking in de wereld ($381,3), en was 39,6% hoger dan de constructie per hoofd van de bevolking in Europa ($381,3).

De groei van de constructie in Zuid-Europa bedroeg 1.3% in de jaren 2000, en was vergelijkbaar met Liechtenstein (1,3%). De groei van de constructie in Zuid-Europa (1,3%) was minder dan de groei van de constructie in de wereld (1,5%), was groter dan de groei van de constructie in Europa (0,97%).

Vergelijking met subregio's. De sector van de constructie in Zuid-Europa was groter dan in Noord-Europa (US$203,5 miljard) en in Oost-Europa (US$94,8 miljard); maar minder dan in West-Europa (US$301,9 miljard). De sector van de constructie per hoofd in Zuid-Europa was in Zuid-Europa groter dan in Oost-Europa (US$317,4); maar minder dan in Noord-Europa (US$2,1 duizend) en in West-Europa (US$1.612,8). De groei van de constructie in Zuid-Europa was groter dan in Noord-Europa (0,70%) en in West-Europa (-0,44%); maar minder dan in Oost-Europa (5,6%).

Leiders. De sector van de constructie in Zuid-Europa in de jaren 2000 bestond uit: Spanje (46,9%), Italië (38,1%), Griekenland (6,3%), Portugal (4,8%), Kroatië (1,2%), en andere (2,8%). Het aandeel van de constructie in economie van de leiders: Spanje (11,3%), Kroatië (7,5%), Griekenland (7,1%), Portugal (7,0%) en Italië (5,7%). De toegevoegde waarde van de constructie per hoofd in Zuid-Europa onder de leiders: Spanje ($2.560,2), Italië ($1.566,5), Griekenland ($1.349,8), Portugal ($1.091,0) en Kroatië ($631,4). De groei van de constructie onder de leiders: Kroatië (6,3%), Spanje (1,7%), Griekenland (1,5%), Italië (0,97%) en Portugal (-2,4%).

de jaren 2010

De toegevoegde waarde van de constructie in Zuid-Europa bedroeg in de jaren 2010 US$193,0 miljard per jaar, en was vergelijkbaar met Oost-Europa (US$197,9 miljard). Het aandeel in de wereld was 4,6%, en 18,3% in Europa.

Het aandeel van de constructie in de economie van Zuid-Europa was 5,3% in de jaren 2010, en was vergelijkbaar met Kroatië (5,3%), Argentinië (5,3%), Palau (5,3%).

De bouw per hoofd in Zuid-Europa was $1.262,0 in de jaren 2010s, en was vergelijkbaar met Aruba (US$1.264,8), Ierland (US$1.257,5), Equatoriaal-Guinea (US$1.252,9). De waarde van de constructie per hoofd in Zuid-Europa was in 2,2 keer hoger dan de constructie per hoofd van de bevolking in de wereld ($572,1), en was 10,8% lager dan de constructie per hoofd van de bevolking in Europa ($572,1).

De groei van de constructie in Zuid-Europa bedroeg -3.3% in de jaren 2010, en was vergelijkbaar met Kroatië (-3,3%), Italië (-3,2%). De groei van de constructie in Zuid-Europa (-3,3%) was minder dan de groei van de constructie in de wereld (2,9%), was minder dan de groei van de constructie in Europa (0,50%).

Vergelijking met subregio's. De toegevoegde waarde van de constructie in Zuid-Europa was 2,1 keer minder dan in West-Europa (US$413,1 miljard), 22,6% minder dan in Noord-Europa (US$249,3 miljard) en 2,4% minder dan in Oost-Europa (US$197,9 miljard). De waarde van de constructie per hoofd in Zuid-Europa was in Zuid-Europa87,7% groter dan in Oost-Europa (US$672,3); maar 47,9% minder dan in Noord-Europa (US$2,4 duizend) en 40,8% minder dan in West-Europa (US$2,1 duizend). De groei van de constructie in Zuid-Europa was minder dan in Noord-Europa (2,7%), in Oost-Europa (1,3%) en in West-Europa (0,72%).

Leiders. De sector van de constructie in Zuid-Europa in de jaren 2010 bestond uit: Italië (45,5%), Spanje (41,4%), Portugal (4,7%), Griekenland (2,8%), Kroatië (1,3%), en andere (4,3%). Het aandeel van de constructie in economie van de leiders: Spanje (6,5%), Kroatië (5,3%), Italië (4,7%), Portugal (4,6%) en Griekenland (2,7%). De waarde van de constructie per hoofd in Zuid-Europa onder de leiders: Spanje ($1.707,2), Italië ($1.456,5), Portugal ($867,9), Kroatië ($593,1) en Griekenland ($514,6). De groei van de constructie onder de leiders: Portugal (-2,9%), Italië (-3,2%), Kroatië (-3,3%), Spanje (-3,3%) en Griekenland (-9,8%).

Hoofdstuk VII. Vervoer

Transport, opslag en communicatie (ISIC I)

De toegevoegde waarde van het transport in Zuid-Europa steeg van US$29,3 miljard per jaar in de jaren 1970 tot US$330,3 miljard per jaar in de jaren 2010, dat wil zeggen met US$301,0 miljard of 11,3 keer. De verandering vond plaats op US$239,5 miljard als gevolg van een 3,6-voudige stijging van de prijzen, en ook op US$57,0 miljard als gevolg van een 2,7-voudige toename van de productiviteit , evenals op US$4,5 miljard als gevolg van de toename van de bevolking. De gemiddelde jaarlijkse groei van het transport is 3,1%. De minimumwaarde van het transport bedroeg US$13,1 miljard in 1970. De maximumwaarde van het transport bedroeg US$400,8 miljard in 2008.

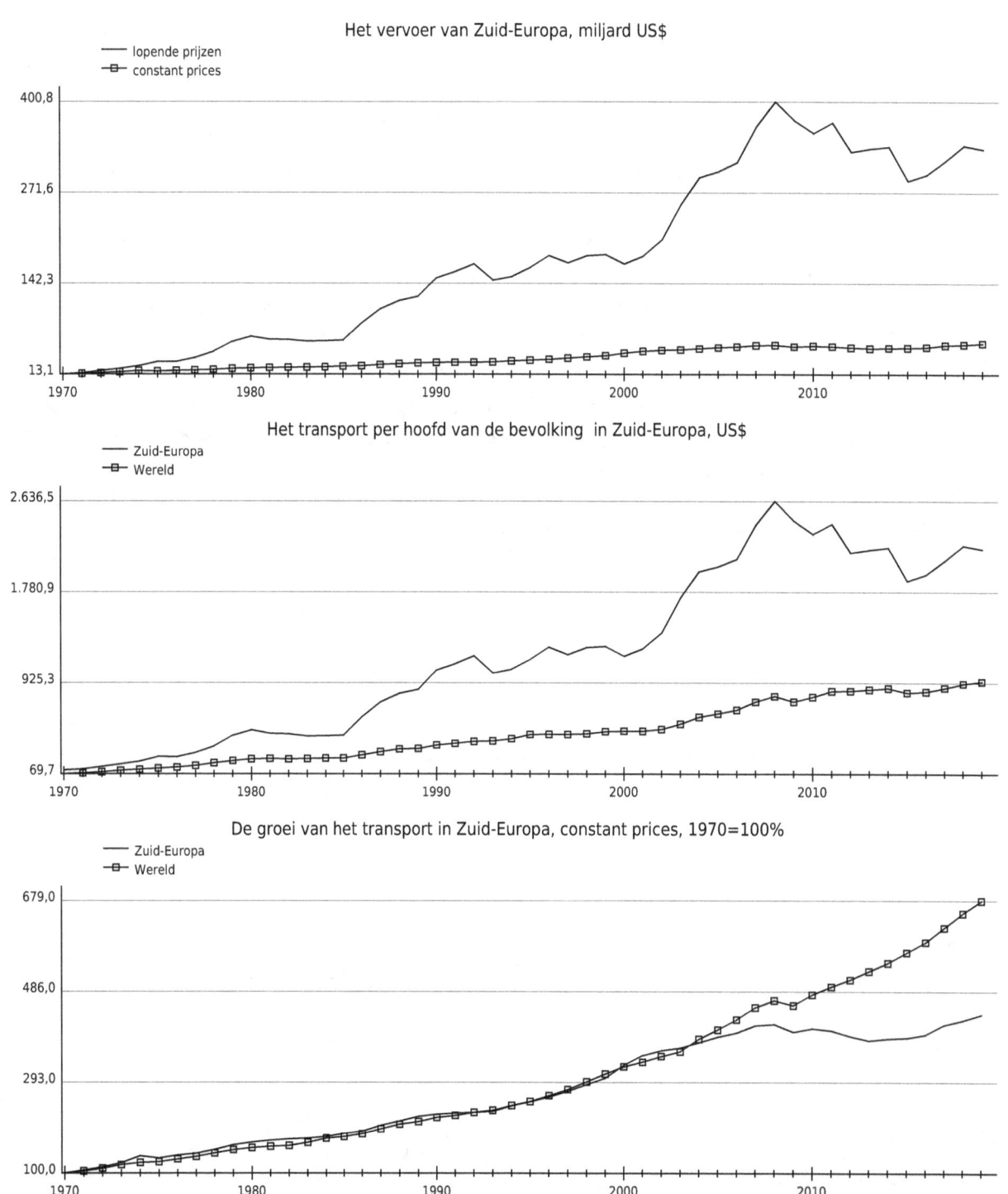

Het vervoer van Zuid-Europa, miljard US$

Het transport per hoofd van de bevolking in Zuid-Europa, US$

De groei van het transport in Zuid-Europa, constant prices, 1970=100%

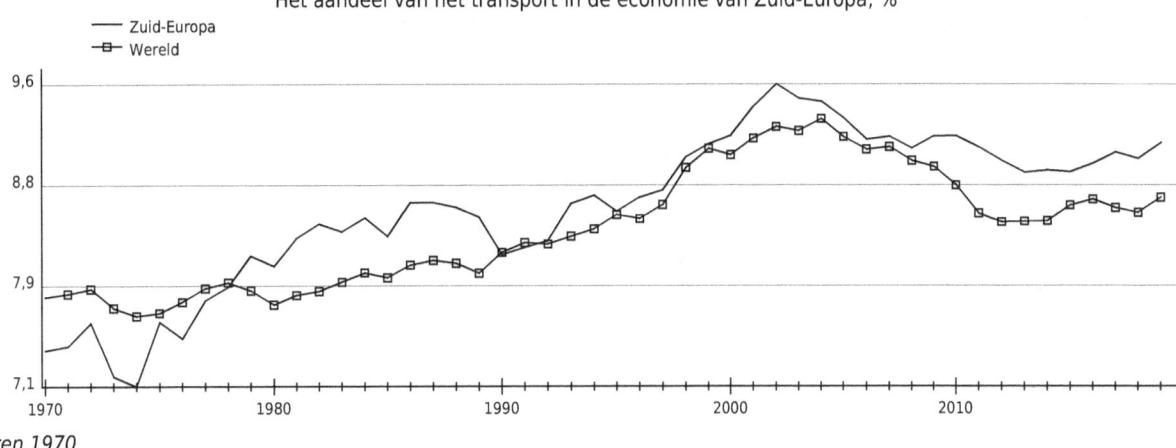

Het aandeel van het transport in de economie van Zuid-Europa, %

de jaren 1970

Het transport van Zuid-Europa bedroeg in de jaren 1970 US$29,3 miljard per jaar, en was vergelijkbaar met Duitsland (US$29,6 miljard), de Sovjet-Unie (US$28,8 miljard). Het aandeel in de wereld was 5,9%, en 16,3% in Europa.

Het aandeel van het transport in de economie van Zuid-Europa was 7,7% in de jaren 1970, en was vergelijkbaar met Fiji (7,6%), Jordanië (7,7%), Spanje (7,6%).

De toegevoegde waarde van het transport per hoofd in Zuid-Europa was $221,0 in de jaren 1970s, en was vergelijkbaar met San Marino (US$220,1), Trinidad en Tobago (US$223,8), Libië (US$226,4). Het vervoer per hoofd in Zuid-Europa was 80,7% hoger dan het transport per hoofd van de bevolking in de wereld ($122,3), en was 11,0% lager dan het transport per hoofd van de bevolking in Europa ($122,3).

De groei van het transport in Zuid-Europa bedroeg 5.4% in de jaren 1970, en was vergelijkbaar met Hongarije (5,4%). De groei van het transport in Zuid-Europa (5,4%) was groter dan de groei van het transport in de wereld (4,6%), was groter dan de groei van het transport in Europa (4,3%).

Vergelijking met subregio's. De waarde van het transport in Zuid-Europa was minder dan in West-Europa (US$74,3 miljard), in Noord-Europa (US$40,0 miljard) en in Oost-Europa (US$36,5 miljard). De sector van het transport per hoofd in Zuid-Europa was in Zuid-Europa groter dan in Oost-Europa (US$106,8); maar minder dan in Noord-Europa (US$492,2) en in West-Europa (US$437,2). De groei van het transport in Zuid-Europa was groter dan in West-Europa (3,0%) en in Noord-Europa (2,5%); maar minder dan in Oost-Europa (7,3%).

Leiders. De toegevoegde waarde van het transport in Zuid-Europa in de jaren 1970 bestond uit: Italië (51,8%), Spanje (26,0%), Griekenland (9,5%), Joegoslavië (8,5%), Portugal (3,9%). Het aandeel van het transport in economie van de leiders: Griekenland (9,5%), Joegoslavië (8,1%), Spanje (7,6%), Italië (7,4%) en Portugal (7,4%). Het vervoer per hoofd in Zuid-Europa onder de leiders: Griekenland ($307,1), Italië ($276,0), Spanje ($213,7), Portugal ($124,8) en Joegoslavië ($118,4). De groei van het transport onder de leiders: Griekenland (7,5%), Joegoslavië (7,4%), Italië (5,6%), Portugal (5,1%) en Spanje (4,6%).

de jaren 1980

De toegevoegde waarde van het transport in Zuid-Europa bedroeg in de jaren 1980 US$80,5 miljard per jaar. Het aandeel in de wereld was 6,9%, en 21,2% in Europa.

Het aandeel van het transport in de economie van Zuid-Europa was 8,5% in de jaren 1980, en was vergelijkbaar met Tanzania (8,5%), Spanje (8,5%), Syrië (8,5%).

De sector van het transport per hoofd in Zuid-Europa was $569,9 in de jaren 1980s, en was vergelijkbaar met Trinidad en Tobago (US$567,0), Aruba (US$564,3). De sector van het transport per hoofd in Zuid-Europa was in 2,4 keer hoger dan het transport per hoofd van de bevolking in de wereld ($242,0), en was 15,2% hoger dan het transport per hoofd van de bevolking in Europa ($242,0).

De groei van het transport in Zuid-Europa bedroeg 3.3% in de jaren 1980, en was vergelijkbaar met Nepal (3,3%), Palestina (3,3%). De groei van het transport in Zuid-Europa (3,3%) was minder dan de groei van het transport in de wereld (3,4%), was groter dan de groei van het transport in Europa (2,8%).

Vergelijking met subregio's. Het transport van Zuid-Europa was groter dan in Oost-Europa (US$53,9 miljard); maar minder dan in West-Europa (US$157,2 miljard) en in Noord-Europa (US$88,0 miljard). De sector van het transport per hoofd in Zuid-Europa was in Zuid-Europa groter dan in Oost-Europa (US$145,6); maar minder dan in Noord-Europa (US$1.063,5) en in West-Europa (US$906,4). De groei van het transport in Zuid-Europa was groter dan in Noord-Europa (3,0%), in West-Europa (3,0%) en in Oost-Europa (1,8%).

Leiders. Het vervoer van Zuid-Europa in de jaren 1980 bestond uit: Italië (57,3%), Spanje (24,9%), Joegoslavië (7,2%), Griekenland (6,8%), Portugal (3,5%). Het aandeel van het transport in economie van de leiders: Griekenland (9,6%), Joegoslavië (8,9%), Spanje (8,5%), Italië (8,3%) en Portugal (8,1%). De toegevoegde waarde van het transport per hoofd in Zuid-Europa onder de leiders: Italië ($812,2), Griekenland ($555,1), Spanje ($520,9), Portugal ($284,2) en Joegoslavië ($253,4). De groei van het transport onder de leiders: Portugal (4,7%), Joegoslavië (4,0%), Italië (3,9%), Griekenland (3,9%) en Spanje (1,9%).

de jaren 1990

Het vervoer van Zuid-Europa bedroeg in de jaren 1990 US$166,1 miljard per jaar. Het aandeel in de wereld was 7,1%, en 21,2% in Europa.

Het aandeel van het transport in de economie van Zuid-Europa was 8,6% in de jaren 1990, en was vergelijkbaar met Zwitserland (8,6%), Amerika (8,6%), Bosnië en Herzegovina (8,6%).

De waarde van het transport per hoofd in Zuid-Europa was $1.152,7 in de jaren 1990s. Het transport per hoofd in Zuid-Europa was in 2,8 keer hoger dan het transport per hoofd van de bevolking in de wereld ($409,5), en was 6,7% hoger dan het transport per hoofd van de bevolking in Europa ($409,5).

De groei van het transport in Zuid-Europa bedroeg 3.2% in de jaren 1990, en was vergelijkbaar met Honduras (3,2%), Polen (3,2%). De groei van het transport in Zuid-Europa (3,2%) was minder dan de groei van het transport in de wereld (4,0%), was groter dan de groei van het transport in Europa (2,4%).

Vergelijking met subregio's. De waarde van het transport in Zuid-Europa was groter dan in Oost-Europa (US$68,1 miljard); maar minder dan in West-Europa (US$359,1 miljard) en in Noord-Europa (US$191,6 miljard). Het vervoer per hoofd in Zuid-Europa was in Zuid-Europa groter dan in Oost-Europa (US$220,5); maar minder dan in Noord-Europa (US$2,1 duizend) en in West-Europa (US$1.984,9). De groei van het transport in Zuid-Europa was groter dan in Oost-Europa (-4,6%); maar minder dan in Noord-Europa (4,6%) en in West-Europa (3,8%).

Leiders. Het vervoer van Zuid-Europa in de jaren 1990 bestond uit: Italië (56,7%), Spanje (29,6%), Griekenland (6,3%), Portugal (4,2%), Kroatië (0,89%), en andere (2,3%). Het aandeel van het transport in economie van de leiders: Griekenland (9,1%), Kroatië (9,1%), Spanje (9,0%), Italië (8,6%) en Portugal (7,3%). De sector van het transport per hoofd in Zuid-Europa onder de leiders: Italië ($1.651,1), Spanje ($1.238,8), Griekenland ($979,8), Portugal ($694,3) en Kroatië ($320,2). De groei van het transport onder de leiders: Griekenland (5,1%), Portugal (4,1%), Italië (4,1%), Spanje (2,1%) en Kroatië (-4,0%).

de jaren 2000

De sector van het transport in Zuid-Europa bedroeg in de jaren 2000 US$286,1 miljard per jaar. Het aandeel in de wereld was 7,1%, en 21,2% in Europa.

Het aandeel van het transport in de economie van Zuid-Europa was 9,3% in de jaren 2000, en was vergelijkbaar met Noord-Amerika (9,3%), Senegal (9,3%), Slovenië (9,3%).

De waarde van het transport per hoofd in Zuid-Europa was $1.921,0 in de jaren 2000s, en was vergelijkbaar met Qatar (US$1.918,6), Spanje (US$1.963,8), Frans-Polynesië (US$1.876,1). Het transport per hoofd in Zuid-Europa was in 3,1 keer hoger dan het transport per hoofd van de bevolking in de wereld ($621,1), en was 3,8% hoger dan het transport per hoofd van de bevolking in Europa ($621,1).

De groei van het transport in Zuid-Europa bedroeg 2.8% in de jaren 2000. De groei van het transport in Zuid-Europa (2,8%) was minder dan de groei van het transport in de wereld (3,9%), was minder dan de groei van het transport in Europa (3,1%).

Vergelijking met subregio's. De sector van het transport in Zuid-Europa was groter dan in Oost-Europa (US$148,6 miljard); maar minder dan in West-Europa (US$566,9 miljard) en in Noord-Europa (US$350,7 miljard). De toegevoegde waarde van het transport per hoofd in Zuid-Europa was in Zuid-Europa groter dan in Oost-Europa (US$497,7); maar minder dan in Noord-Europa (US$3,6 duizend) en in West-Europa (US$3,0 duizend). De groei van het transport in Zuid-Europa was minder dan in Oost-Europa (4,4%), in Noord-Europa (3,1%) en in West-Europa (2,9%).

Leiders. De sector van het transport in Zuid-Europa in de jaren 2000 bestond uit: Italië (53,1%), Spanje (30,0%), Griekenland (8,3%), Portugal (4,6%), Kroatië (1,3%), en andere (2,7%). Het aandeel van het transport in economie van de leiders: Griekenland (11,2%), Kroatië (10,0%), Italië (9,6%), Spanje (8,6%) en Portugal (8,1%). De waarde van het transport per hoofd in Zuid-Europa onder de leiders: Italië ($2.618,1), Griekenland ($2.131,5), Spanje ($1.963,8), Portugal ($1.263,5) en Kroatië ($836,3). De groei van het transport onder de leiders: Griekenland (6,4%), Kroatië (4,4%), Portugal (3,3%), Italië (2,5%) en Spanje (2,1%).

de jaren 2010

De toegevoegde waarde van het transport in Zuid-Europa bedroeg in de jaren 2010 US$330,3 miljard per jaar. Het aandeel in de wereld was 5,2%, en 18,3% in Europa.

Het aandeel van het transport in de economie van Zuid-Europa was 9,0% in de jaren 2010, en was vergelijkbaar met de Marshalleilanden (9,1%), Oostenrijk (9,1%), Peru (8,9%).

De waarde van het transport per hoofd in Zuid-Europa was $2.159,5 in de jaren 2010s, en was vergelijkbaar met Litouwen (US$2,2 duizend), Aruba (US$2,2 duizend), Zuid-Korea (US$2,1 duizend). Het vervoer per hoofd in Zuid-Europa was in 2,5 keer hoger dan het transport per hoofd van de bevolking in de wereld ($864,8), en was 10,9% lager dan het transport per hoofd van de bevolking in Europa ($864,8).

De groei van het transport in Zuid-Europa bedroeg 0.9% in de jaren 2010. De groei van het transport in Zuid-Europa (0,89%) was minder dan de groei van het transport in de wereld (4,0%), was minder dan de groei van het transport in Europa (2,6%).

Vergelijking met subregio's. Het transport van Zuid-Europa was 25,2% groter dan in Oost-Europa (US$263,8 miljard); maar 2,3 keer minder dan in West-Europa (US$747,3 miljard) en 28,3% minder dan in Noord-Europa (US$460,8 miljard). De toegevoegde waarde van het transport per hoofd in Zuid-Europa was in Zuid-Europa2,4 keer groter dan in Oost-Europa (US$896,5); maar 2,1 keer minder dan in Noord-Europa (US$4,5 duizend) en 44,0% minder dan in West-Europa (US$3,9 duizend). De groei van het transport in Zuid-Europa was minder dan in Noord-Europa (3,6%), in Oost-Europa (3,5%) en in West-Europa (2,5%).

Leiders. Het vervoer van Zuid-Europa in de jaren 2010 bestond uit: Italië (52,1%), Spanje (31,4%), Griekenland (6,1%), Portugal (5,0%), Kroatië (1,3%), en andere (4,0%). Het aandeel van het transport in economie van de leiders: Griekenland (10,0%), Italië (9,3%), Kroatië (9,3%), Spanje (8,4%) en Portugal (8,4%). De waarde van het transport per hoofd in Zuid-Europa onder de leiders: Italië ($2.857,4), Spanje ($2.215,5), Griekenland ($1.888,1), Portugal ($1.586,9) en Kroatië ($1.042,6). De groei van het transport onder de leiders: Spanje (2,7%), Portugal (1,2%), Kroatië (0,94%), Italië (0,10%) en Griekenland (-2,8%).

Hoofdstuk VIII. Handel

Groothandel, detailhandel, restaurants en hotels (ISIC G-H)

De toegevoegde waarde van de handel in Zuid-Europa steeg van US$60,9 miljard per jaar in de jaren 1970 tot US$617,3 miljard per jaar in de jaren 2010, dat wil zeggen met US$556,4 miljard of 10,1 keer. De verandering vond plaats op US$494,6 miljard als gevolg van een 5,0-voudige stijging van de prijzen, en ook op US$52,4 miljard als gevolg van een 1,7-voudige toename van de productiviteit , evenals op US$9,4 miljard als gevolg van de toename van de bevolking. De gemiddelde jaarlijkse groei van de handel is 2,1%. De minimumwaarde van de handel bedroeg US$26,7 miljard in 1970. De maximumwaarde van de handel bedroeg US$719,1 miljard in 2008.

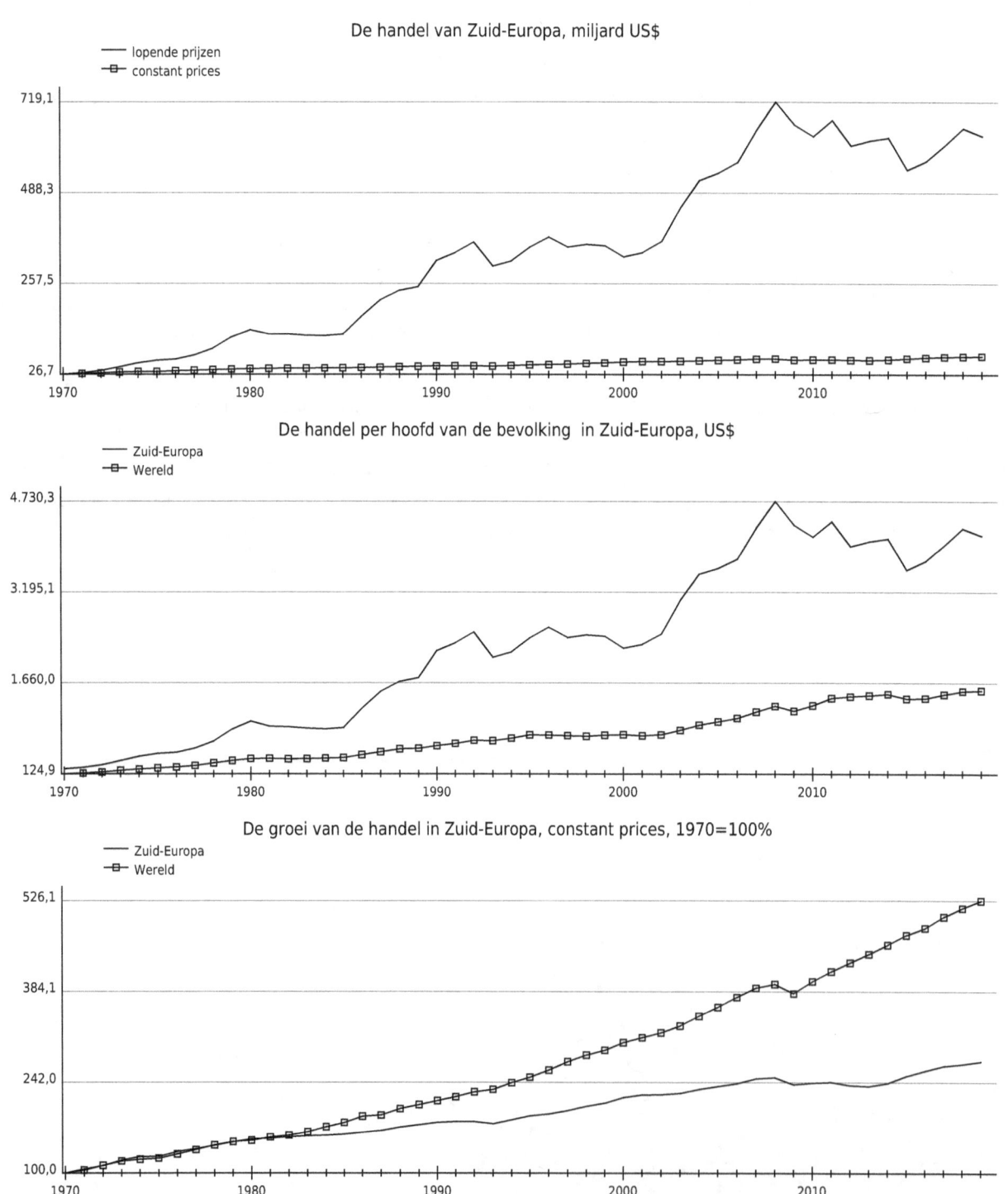

De handel van Zuid-Europa, miljard US$

De handel per hoofd van de bevolking in Zuid-Europa, US$

De groei van de handel in Zuid-Europa, constant prices, 1970=100%

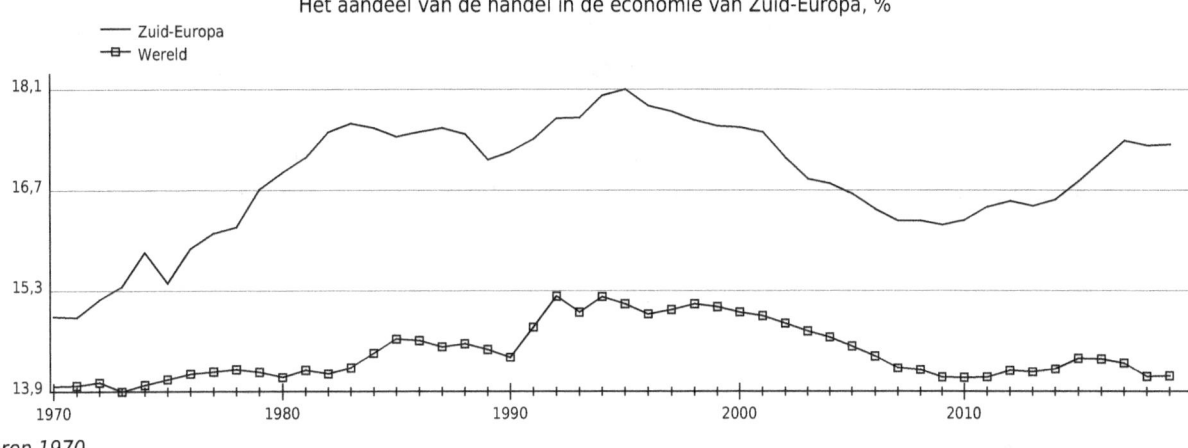

Het aandeel van de handel in de economie van Zuid-Europa, %

de jaren 1970

De sector van de handel in Zuid-Europa bedroeg in de jaren 1970 US$60,9 miljard per jaar, en was vergelijkbaar met Duitsland (US$61,1 miljard), de Sovjet-Unie (US$62,3 miljard). Het aandeel in de wereld was 6,8%, en 18,6% in Europa.

Het aandeel van de handel in de economie van Zuid-Europa was 15,9% in de jaren 1970, en was vergelijkbaar met Luxemburg (15,9%), Guatemala (16,0%), Madagaskar (15,8%).

De waarde van de handel per hoofd in Zuid-Europa was $459,1 in de jaren 1970s, en was vergelijkbaar met Puerto Rico (US$460,6), Spanje (US$456,1), Europa (US$450,1). De sector van de handel per hoofd in Zuid-Europa was in 2,1 keer hoger dan de handel per hoofd van de bevolking in de wereld ($221,0), en was 2,0% hoger dan de handel per hoofd van de bevolking in Europa ($221,0).

De groei van de handel in Zuid-Europa bedroeg 4.5% in de jaren 1970, en was vergelijkbaar met IJsland (4,5%), de Comoren (4,5%), Mali (4,5%). De groei van de handel in Zuid-Europa (4,5%) was minder dan de groei van de handel in de wereld (4,5%), was groter dan de groei van de handel in Europa (3,6%).

Vergelijking met subregio's. De sector van de handel in Zuid-Europa was groter dan in Noord-Europa (US$54,7 miljard); maar minder dan in West-Europa (US$138,3 miljard) en in Oost-Europa (US$72,7 miljard). De toegevoegde waarde van de handel per hoofd in Zuid-Europa was in Zuid-Europa groter dan in Oost-Europa (US$212,7); maar minder dan in West-Europa (US$813,5) en in Noord-Europa (US$672,7). De groei van de handel in Zuid-Europa was groter dan in West-Europa (3,1%) en in Noord-Europa (2,1%); maar minder dan in Oost-Europa (5,5%).

Leiders. De toegevoegde waarde van de handel in Zuid-Europa in de jaren 1970 bestond uit: Italië (52,0%), Spanje (26,7%), Griekenland (10,1%), Joegoslavië (6,1%), Portugal (4,3%). Het aandeel van de handel in economie van de leiders: Griekenland (21,0%), Portugal (17,1%), Spanje (16,2%), Italië (15,5%) en Joegoslavië (12,1%). De handel per hoofd in Zuid-Europa onder de leiders: Griekenland ($678,5), Italië ($575,6), Spanje ($456,1), Portugal ($289,5) en Joegoslavië ($176,4). De groei van de handel onder de leiders: Joegoslavië (8,2%), Griekenland (5,7%), Spanje (4,6%), Italië (3,8%) en Portugal (3,6%).

de jaren 1980

De waarde van de handel in Zuid-Europa bedroeg in de jaren 1980 US$165,5 miljard per jaar. Het aandeel in de wereld was 7,8%, en 23,4% in Europa.

Het aandeel van de handel in de economie van Zuid-Europa was 17,4% in de jaren 1980, en was vergelijkbaar met Suriname (17,5%), Cyprus (17,3%), Oostenrijk (17,3%).

De sector van de handel per hoofd in Zuid-Europa was $1.171,5 in de jaren 1980s, en was vergelijkbaar met Qatar (US$1.165,7), Singapore (US$1.161,7), Oceanië (US$1.193,9). De toegevoegde waarde van de handel per hoofd in Zuid-Europa was in 2,7 keer hoger dan de handel per hoofd van de bevolking in de wereld ($437,7), en was 27,1% hoger dan de handel per hoofd van de bevolking in Europa ($437,7).

De groei van de handel in Zuid-Europa bedroeg 1.7% in de jaren 1980. De groei van de handel in Zuid-Europa (1,7%) was minder dan de groei van de handel in de wereld (3,3%), was minder dan de groei van de handel in Europa (1,9%).

Vergelijking met subregio's. De waarde van de handel in Zuid-Europa was groter dan in Oost-Europa (US$130,6 miljard) en in

Noord-Europa (US$128,0 miljard); maar minder dan in West-Europa (US$283,2 miljard). De waarde van de handel per hoofd in Zuid-Europa was in Zuid-Europa groter dan in Oost-Europa (US$352,7); maar minder dan in West-Europa (US$1.633,0) en in Noord-Europa (US$1.546,7). De groei van de handel in Zuid-Europa was groter dan in Oost-Europa (0,27%); maar minder dan in Noord-Europa (2,7%) en in West-Europa (2,1%).

Leiders. De toegevoegde waarde van de handel in Zuid-Europa in de jaren 1980 bestond uit: Italië (57,8%), Spanje (25,9%), Griekenland (7,3%), Portugal (4,3%), Joegoslavië (4,2%). Het aandeel van de handel in economie van de leiders: Griekenland (21,1%), Portugal (20,7%), Spanje (18,1%), Italië (17,3%) en Joegoslavië (10,7%). De waarde van de handel per hoofd in Zuid-Europa onder de leiders: Italië ($1.684,2), Griekenland ($1.216,5), Spanje ($1.111,7), Portugal ($728,5) en Joegoslavië ($302,6). De groei van de handel onder de leiders: Italië (2,3%), Griekenland (2,0%), Spanje (1,9%), Portugal (1,1%) en Joegoslavië (-4,6%).

de jaren 1990

De toegevoegde waarde van de handel in Zuid-Europa bedroeg in de jaren 1990 US$341,6 miljard per jaar. Het aandeel in de wereld was 8,3%, en 26,1% in Europa.

Het aandeel van de handel in de economie van Zuid-Europa was 17,7% in de jaren 1990, en was vergelijkbaar met Iran (17,7%), Micronesië (17,7%), Melanesië (17,6%).

De waarde van de handel per hoofd in Zuid-Europa was $2.370,9 in de jaren 1990s, en was vergelijkbaar met Ierland (US$2,4 duizend), Finland (US$2,4 duizend), Groenland (US$2,4 duizend). De waarde van de handel per hoofd in Zuid-Europa was in 3,3 keer hoger dan de handel per hoofd van de bevolking in de wereld ($721,8), en was 31,9% hoger dan de handel per hoofd van de bevolking in Europa ($721,8).

De groei van de handel in Zuid-Europa bedroeg 1.8% in de jaren 1990. De groei van de handel in Zuid-Europa (1,8%) was minder dan de groei van de handel in de wereld (3,5%), was minder dan de groei van de handel in Europa (2,0%).

Vergelijking met subregio's. De toegevoegde waarde van de handel in Zuid-Europa was groter dan in Noord-Europa (US$260,7 miljard) en in Oost-Europa (US$118,4 miljard); maar minder dan in West-Europa (US$585,9 miljard). De waarde van de handel per hoofd in Zuid-Europa was in Zuid-Europa groter dan in Oost-Europa (US$383,5); maar minder dan in West-Europa (US$3,2 duizend) en in Noord-Europa (US$2,8 duizend). De groei van de handel in Zuid-Europa was groter dan in Oost-Europa (-0,33%); maar minder dan in Noord-Europa (2,9%) en in West-Europa (2,3%).

Leiders. De toegevoegde waarde van de handel in Zuid-Europa in de jaren 1990 bestond uit: Italië (54,3%), Spanje (30,4%), Griekenland (7,2%), Portugal (5,4%), Kroatië (0,73%), en andere (2,0%). Het aandeel van de handel in economie van de leiders: Griekenland (21,3%), Portugal (19,2%), Spanje (19,0%), Italië (16,9%) en Kroatië (15,3%). De waarde van de handel per hoofd in Zuid-Europa onder de leiders: Italië ($3.255,0), Spanje ($2.614,4), Griekenland ($2.307,1), Portugal ($1.818,2) en Kroatië ($539,7). De groei van de handel onder de leiders: Portugal (2,7%), Italië (1,9%), Spanje (1,9%), Griekenland (1,3%) en Kroatië (-5,2%).

de jaren 2000

De toegevoegde waarde van de handel in Zuid-Europa bedroeg in de jaren 2000 US$513,0 miljard per jaar. Het aandeel in de wereld was 8,0%, en 25,3% in Europa.

Het aandeel van de handel in de economie van Zuid-Europa was 16,7% in de jaren 2000, en was vergelijkbaar met Polynesië (16,7%), Nicaragua (16,7%), Kroatië (16,8%).

De toegevoegde waarde van de handel per hoofd in Zuid-Europa was $3.445,0 in de jaren 2000s, en was vergelijkbaar met Qatar (US$3,5 duizend), Griekenland (US$3,5 duizend). De handel per hoofd in Zuid-Europa was in 3,5 keer hoger dan de handel per hoofd van de bevolking in de wereld ($990,3), en was 24,3% hoger dan de handel per hoofd van de bevolking in Europa ($990,3).

De groei van de handel in Zuid-Europa bedroeg 1.3% in de jaren 2000, en was vergelijkbaar met het Verenigd Koninkrijk (1,3%), Palestina (1,3%). De groei van de handel in Zuid-Europa (1,3%) was minder dan de groei van de handel in de wereld (2,7%), was minder dan de groei van de handel in Europa (2,2%).

Vergelijking met subregio's. De handel van Zuid-Europa was groter dan in Noord-Europa (US$437,3 miljard) en in Oost-Europa (US$263,3 miljard); maar minder dan in West-Europa (US$812,0 miljard). De waarde van de handel per hoofd in Zuid-Europa was in Zuid-Europa groter dan in Oost-Europa (US$881,6); maar minder dan in Noord-Europa (US$4,5 duizend) en in West-Europa (US$4,3 duizend). De groei van de handel in Zuid-Europa was minder dan in Oost-Europa (6,5%), in Noord-Europa (1,7%) en in West-Europa

(1,7%).

Leiders. De handel van Zuid-Europa in de jaren 2000 bestond uit: Italië (47,6%), Spanje (35,1%), Griekenland (7,6%), Portugal (5,8%), Kroatië (1,2%), en andere (2,6%). Het aandeel van de handel in economie van de leiders: Griekenland (18,3%), Portugal (18,3%), Spanje (18,1%), Kroatië (16,8%) en Italië (15,4%). De waarde van de handel per hoofd in Zuid-Europa onder de leiders: Italië ($4.213,6), Spanje ($4.119,6), Griekenland ($3.501,3), Portugal ($2.860,5) en Kroatië ($1.405,4). De groei van de handel onder de leiders: Kroatië (5,2%), Spanje (2,0%), Griekenland (1,6%), Portugal (0,93%) en Italië (0,45%).

de jaren 2010

De waarde van de handel in Zuid-Europa bedroeg in de jaren 2010 US$617,3 miljard per jaar. Het aandeel in de wereld was 5,9%, en 22,9% in Europa.

Het aandeel van de handel in de economie van Zuid-Europa was 16,8% in de jaren 2010, en was vergelijkbaar met Noord-Macedonië (16,9%), Oost-Europa (16,7%), Japan (16,7%).

De sector van de handel per hoofd in Zuid-Europa was $4.035,5 in de jaren 2010s, en was vergelijkbaar met Nieuw-Caledonië (US$4,0 duizend), Trinidad en Tobago (US$4,0 duizend), Israël (US$4,1 duizend). De handel per hoofd in Zuid-Europa was in 2,8 keer hoger dan de handel per hoofd van de bevolking in de wereld ($1.436,8), en was 11,5% hoger dan de handel per hoofd van de bevolking in Europa ($1.436,8).

De groei van de handel in Zuid-Europa bedroeg 1.4% in de jaren 2010, en was vergelijkbaar met Frans-Polynesië (1,4%), Tunesië (1,4%). De groei van de handel in Zuid-Europa (1,4%) was minder dan de groei van de handel in de wereld (3,3%), was minder dan de groei van de handel in Europa (2,0%).

Vergelijking met subregio's. De waarde van de handel in Zuid-Europa was 14,4% groter dan in Noord-Europa (US$539,6 miljard) en 30,3% groter dan in Oost-Europa (US$473,6 miljard); maar 41,9% minder dan in West-Europa (US$1,1 biljoen). De sector van de handel per hoofd in Zuid-Europa was in Zuid-Europa2,5 keer groter dan in Oost-Europa (US$1.609,1); maar 26,4% minder dan in West-Europa (US$5,5 duizend) en 23,0% minder dan in Noord-Europa (US$5,2 duizend). De groei van de handel in Zuid-Europa was minder dan in Noord-Europa (2,9%), in Oost-Europa (2,4%) en in West-Europa (1,8%).

Leiders. De toegevoegde waarde van de handel in Zuid-Europa in de jaren 2010 bestond uit: Italië (45,7%), Spanje (37,2%), Portugal (6,2%), Griekenland (5,9%), Kroatië (1,4%), en andere (3,6%). Het aandeel van de handel in economie van de leiders: Portugal (19,5%), Spanje (18,6%), Griekenland (18,1%), Kroatië (17,8%) en Italië (15,3%). De waarde van de handel per hoofd in Zuid-Europa onder de leiders: Spanje ($4.900,4), Italië ($4.684,0), Portugal ($3.689,6), Griekenland ($3.425,6) en Kroatië ($2.000,2). De groei van de handel onder de leiders: Kroatië (2,6%), Portugal (2,3%), Italië (1,6%), Spanje (1,6%) en Griekenland (-2,4%).

Hoofdstuk IX. Diensten

(ISIC J-P)

De sector van de diensten in Zuid-Europa steeg van US$112,9 miljard per jaar in de jaren 1970 tot US$1,8 biljoen per jaar in de jaren 2010, dat wil zeggen met US$1,7 biljoen of 15,7 keer. De verandering vond plaats op US$1,5 biljoen als gevolg van een 6,6-voudige stijging van de prijzen, en ook op US$138,2 miljard als gevolg van een 2,1-voudige toename van de productiviteit , evenals op US$17,4 miljard als gevolg van de toename van de bevolking. De gemiddelde jaarlijkse groei van de diensten is 2,3%. De minimumwaarde van de diensten bedroeg US$50,4 miljard in 1970. De maximumwaarde van de diensten bedroeg US$2,0 biljoen in 2008.

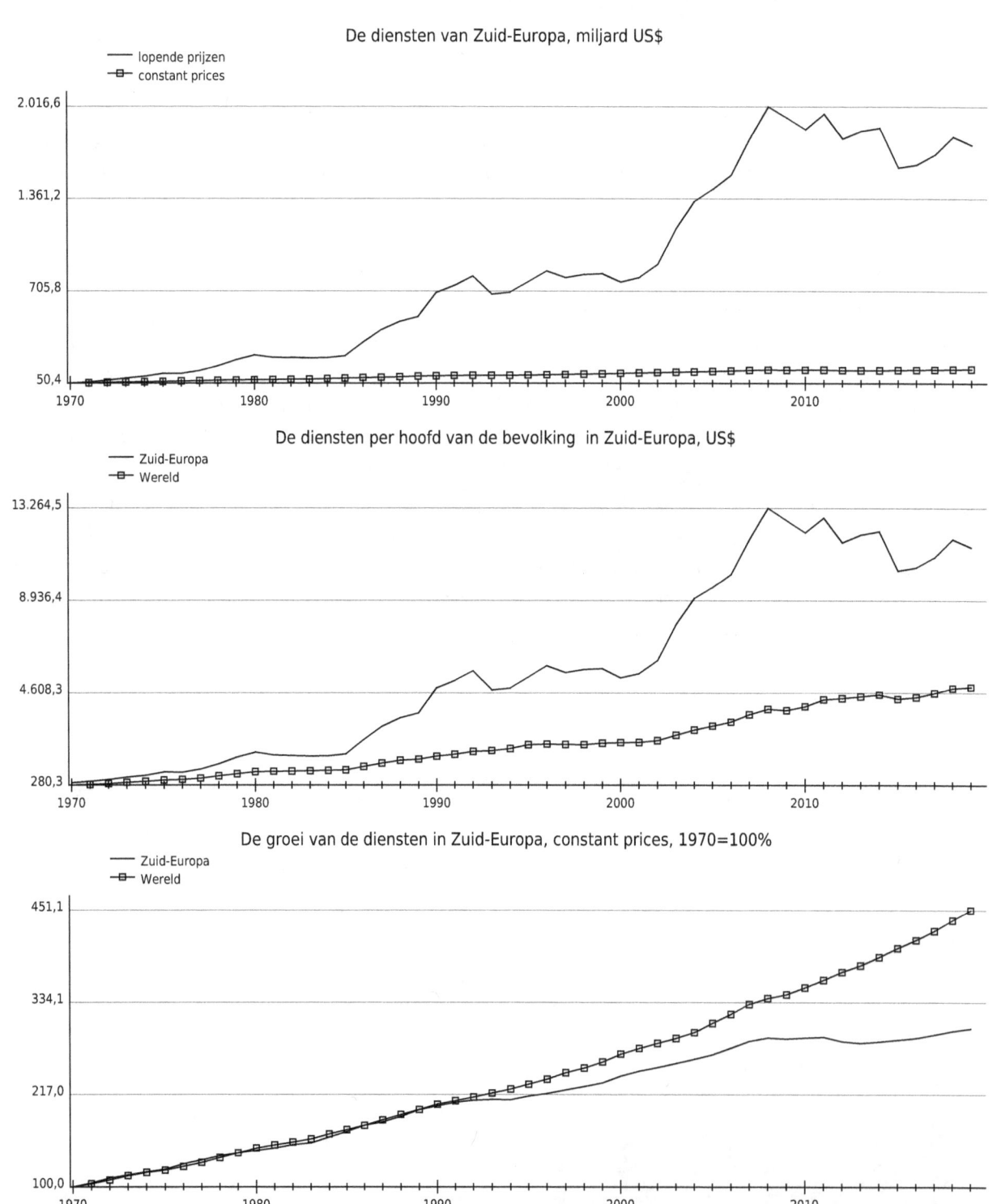

De diensten van Zuid-Europa, miljard US$

De diensten per hoofd van de bevolking in Zuid-Europa, US$

De groei van de diensten in Zuid-Europa, constant prices, 1970=100%

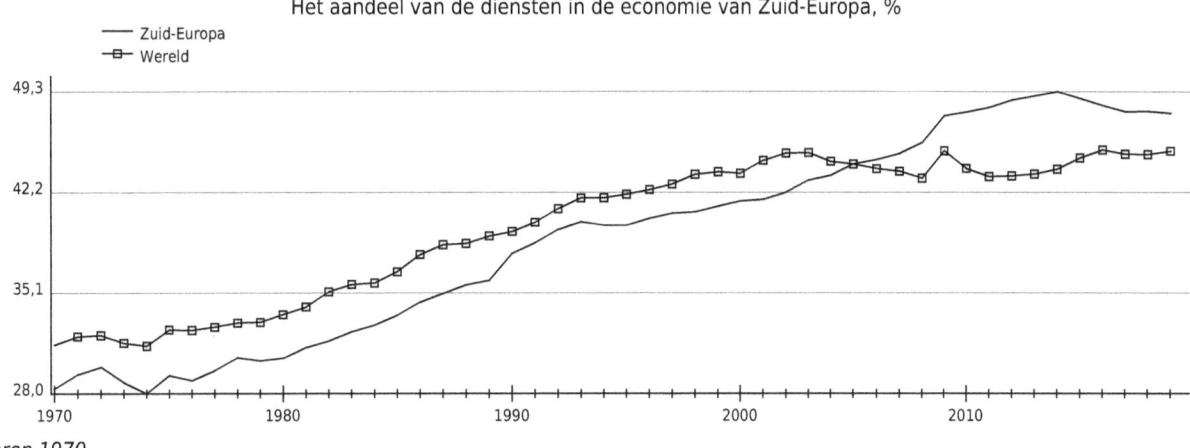

Het aandeel van de diensten in de economie van Zuid-Europa, %

de jaren 1970

De sector van de diensten in Zuid-Europa bedroeg in de jaren 1970 US$112,9 miljard per jaar. Het aandeel in de wereld was 5,5%, en 13,8% in Europa.

Het aandeel van de diensten in de economie van Zuid-Europa was 29,5% in de jaren 1970, en was vergelijkbaar met Mauritanië (29,6%), IJsland (29,4%), Djibouti (29,7%).

De sector van de diensten per hoofd in Zuid-Europa was $852,0 in de jaren 1970s. De waarde van de diensten per hoofd in Zuid-Europa was 68,1% hoger dan de diensten per hoofd van de bevolking in de wereld ($506,9), en was 24,6% lager dan de diensten per hoofd van de bevolking in Europa ($506,9).

De groei van de diensten in Zuid-Europa bedroeg 4% in de jaren 1970, en was vergelijkbaar met Canada (4,0%), Australazië (4,0%), Australië (4,0%). De groei van de diensten in Zuid-Europa (4,0%) was minder dan de groei van de diensten in de wereld (4,1%), was groter dan de groei van de diensten in Europa (3,7%).

Vergelijking met subregio's. De sector van de diensten in Zuid-Europa was minder dan in West-Europa (US$360,3 miljard), in Oost-Europa (US$196,0 miljard) en in Noord-Europa (US$150,5 miljard). De sector van de diensten per hoofd in Zuid-Europa was in Zuid Europa groter dan in Oost-Europa (US$573,9); maar minder dan in West-Europa (US$2,1 duizend) en in Noord-Europa (US$1.852,3). De groei van de diensten in Zuid-Europa was groter dan in West-Europa (4,0%), in Oost-Europa (3,3%) en in Noord-Europa (3,1%).

Leiders. De toegevoegde waarde van de diensten in Zuid-Europa in de jaren 1970 bestond uit: Italië (58,8%), Spanje (24,1%), Griekenland (8,0%), Joegoslavië (5,4%), Portugal (3,4%). Het aandeel van de diensten in economie van de leiders: Italië (32,6%), Griekenland (30,9%), Spanje (27,1%), Portugal (24,6%) en Joegoslavië (19,8%). De sector van de diensten per hoofd in Zuid-Europa onder de leiders: Italië ($1.207,9), Griekenland ($998,1), Spanje ($761,7), Portugal ($417,1) en Joegoslavië ($288,9). De groei van de diensten onder de leiders: Joegoslavië (7,6%), Griekenland (5,5%), Spanje (4,6%), Italië (3,5%) en Portugal (3,5%).

de jaren 1980

De diensten van Zuid-Europa bedroegen in de jaren 1980 US$321,6 miljard per jaar. Het aandeel in de wereld was 6,0%, en 17,1% in Europa.

Het aandeel van de diensten in de economie van Zuid-Europa was 33,8% in de jaren 1980, en was vergelijkbaar met de Turks- en Caicoseilanden (33,8%), Puerto Rico (33,9%), Singapore (33,6%).

De waarde van de diensten per hoofd in Zuid-Europa was $2.275,9 in de jaren 1980s. De waarde van de diensten per hoofd in Zuid-Europa was in 2,0 keer hoger dan de diensten per hoofd van de bevolking in de wereld ($1.115,5), en was 7,1% lager dan de diensten per hoofd van de bevolking in Europa ($1.115,5).

De groei van de diensten in Zuid-Europa bedroeg 3.3% in de jaren 1980, en was vergelijkbaar met Zuid-Afrika (3,3%), het Verenigd Koninkrijk (3,3%), de Wereld (3,3%). De groei van de diensten in Zuid-Europa (3,3%) was groter dan de groei van de diensten in de wereld (3,3%), was groter dan de groei van de diensten in Europa (3,0%).

Vergelijking met subregio's. De waarde van de diensten in Zuid-Europa was groter dan in Oost-Europa (US$281,0 miljard); maar minder dan in West-Europa (US$870,4 miljard) en in Noord-Europa (US$407,1 miljard). De toegevoegde waarde van de diensten per hoofd in Zuid-Europa was in Zuid-Europa groter dan in Oost-Europa (US$759,1); maar minder dan in West-Europa (US$5,0 duizend) en in Noord-Europa (US$4,9 duizend). De groei van de diensten in Zuid-Europa was groter dan in Noord-Europa (3,0%) en in West-Europa (2,7%); maar minder dan in Oost-Europa (4,1%).

Leiders. De sector van de diensten in Zuid-Europa in de jaren 1980 bestond uit: Italië (63,2%), Spanje (23,7%), Griekenland (5,8%), Joegoslavië (3,7%), Portugal (3,3%). Het aandeel van de diensten in economie van de leiders: Italië (36,7%), Griekenland (32,5%), Spanje (32,2%), Portugal (30,7%) en Joegoslavië (18,7%). De diensten per hoofd in Zuid-Europa onder de leiders: Italië ($3.575,8), Spanje ($1.976,9), Griekenland ($1.873,7), Portugal ($1.082,5) en Joegoslavië ($528,2). De groei van de diensten onder de leiders: Portugal (4,1%), Spanje (4,0%), Italië (3,3%), Griekenland (2,6%) en Joegoslavië (0,90%).

de jaren 1990

De toegevoegde waarde van de diensten in Zuid-Europa bedroeg in de jaren 1990 US$769,9 miljard per jaar. Het aandeel in de wereld was 6,7%, en 20,0% in Europa.

Het aandeel van de diensten in de economie van Zuid-Europa was 39,9% in de jaren 1990, en was vergelijkbaar met Slowakije (39,9%), Noorwegen (39,9%), Lesotho (39,9%).

De diensten per hoofd in Zuid-Europa waren $5.343,2 in de jaren 1990s, en waren vergelijkbaar met Europa (US$5,3 duizend), Bahrein (US$5,4 duizend). De sector van de diensten per hoofd in Zuid-Europa was in 2,7 keer hoger dan de diensten per hoofd van de bevolking in de wereld ($2.014,6), en was 1,1% hoger dan de diensten per hoofd van de bevolking in Europa ($2.014,6).

De groei van de diensten in Zuid-Europa bedroeg 1.6% in de jaren 1990, en was vergelijkbaar met Frankrijk (1,6%), Letland (1,6%), Zimbabwe (1,6%). De groei van de diensten in Zuid-Europa (1,6%) was minder dan de groei van de diensten in de wereld (2,7%), was minder dan de groei van de diensten in Europa (2,1%).

Vergelijking met subregio's. De sector van de diensten in Zuid-Europa was groter dan in Oost-Europa (US$168,2 miljard); maar minder dan in West-Europa (US$2,0 biljoen) en in Noord-Europa (US$887,6 miljard). De diensten per hoofd in Zuid-Europa waren in Zuid-Europa groter dan in Oost-Europa (US$544,5); maar minder dan in West-Europa (US$11,1 duizend) en in Noord-Europa (US$9,6 duizend). De groei van de diensten in Zuid-Europa was groter dan in Oost-Europa (0,060%); maar minder dan in Noord-Europa (2,7%) en in West-Europa (2,5%).

Leiders. De toegevoegde waarde van de diensten in Zuid-Europa in de jaren 1990 bestond uit: Italië (60,4%), Spanje (25,7%), Griekenland (5,9%), Portugal (4,9%), Servië (0,94%), en andere (2,1%). Het aandeel van de diensten in economie van de leiders: Italië (42,3%), Portugal (39,8%), Griekenland (39,7%), Spanje (36,1%) en Servië (31,6%). De diensten per hoofd in Zuid-Europa onder de leiders: Italië ($8.161,2), Spanje ($4.969,7), Griekenland ($4.293,0), Portugal ($3.763,2) en Servië ($756,1). De groei van de diensten onder de leiders: Portugal (3,5%), Spanje (2,5%), Griekenland (2,3%), Italië (1,1%) en Servië (-7,4%).

de jaren 2000

De waarde van de diensten in Zuid-Europa bedroeg in de jaren 2000 US$1,4 biljoen per jaar. Het aandeel in de wereld was 7,0%, en 21,3% in Europa.

Het aandeel van de diensten in de economie van Zuid-Europa was 44,3% in de jaren 2000, en was vergelijkbaar met de Wereld (44,2%), Barbados (44,6%), Palestina (44,6%).

De toegevoegde waarde van de diensten per hoofd in Zuid-Europa was $9.170,8 in de jaren 2000s, en was vergelijkbaar met Spanje (US$9,3 duizend). De waarde van de diensten per hoofd in Zuid-Europa was in 3,0 keer hoger dan de diensten per hoofd van de bevolking in de wereld ($3.011,2), en was 4,4% hoger dan de diensten per hoofd van de bevolking in Europa ($3.011,2).

De groei van de diensten in Zuid-Europa bedroeg 2.2% in de jaren 2000, en was vergelijkbaar met Argentinië (2,2%), Amerika (2,2%), Dominica (2,2%). De groei van de diensten in Zuid-Europa (2,2%) was minder dan de groei van de diensten in de wereld (2,9%), was groter dan de groei van de diensten in Europa (2,0%).

Vergelijking met subregio's. De toegevoegde waarde van de diensten in Zuid-Europa was groter dan in Oost-Europa (US$453,4 miljard); maar minder dan in West-Europa (US$3,0 biljoen) en in Noord-Europa (US$1,6 biljoen). De sector van de diensten per hoofd in Zuid-Europa was in Zuid-Europa groter dan in Oost-Europa (US$1.518,0); maar minder dan in Noord-Europa (US$16,8 duizend) en in West-Europa (US$16,0 duizend). De groei van de diensten in Zuid-Europa was groter dan in West-Europa (1,3%); maar minder dan in Oost-Europa (3,8%) en in Noord-Europa (2,5%).

Leiders. De toegevoegde waarde van de diensten in Zuid-Europa in de jaren 2000 bestond uit: Italië (54,0%), Spanje (29,6%), Griekenland (7,2%), Portugal (5,5%), Kroatië (1,1%), en andere (2,6%). Het aandeel van de diensten in economie van de leiders: Italië (46,6%), Portugal (46,1%), Griekenland (45,9%), Spanje (40,8%) en Kroatië (39,9%). De waarde van de diensten per hoofd in Zuid-Europa onder de leiders: Italië ($12.714,9), Spanje ($9.259,8), Griekenland ($8.768,9), Portugal ($7.226,9) en Kroatië ($3.342,5). De groei van de diensten onder de leiders: Spanje (4,4%), Griekenland (3,1%), Kroatië (2,0%), Portugal (1,8%) en Italië (0,93%).

de jaren 2010

De diensten van Zuid-Europa bedroegen in de jaren 2010 US$1,8 biljoen per jaar. Het aandeel in de wereld was 5,4%, en 19,5% in Europa.

Het aandeel van de diensten in de economie van Zuid-Europa was 48,3% in de jaren 2010, en was vergelijkbaar met Europa (48,4%), Duitsland (48,7%), Finland (48,0%).

De diensten per hoofd in Zuid-Europa waren $11.589,2 in de jaren 2010s, en waren vergelijkbaar met Frans-Polynesië (US$11,7 duizend). De toegevoegde waarde van de diensten per hoofd in Zuid-Europa was in 2,6 keer hoger dan de diensten per hoofd van de bevolking in de wereld ($4.467,8), en was 5,1% lager dan de diensten per hoofd van de bevolking in Europa ($4.467,8).

De groei van de diensten in Zuid-Europa bedroeg 0.5% in de jaren 2010. De groei van de diensten in Zuid-Europa (0,45%) was minder dan de groei van de diensten in de wereld (2,7%), was minder dan de groei van de diensten in Europa (1,3%).

Vergelijking met subregio's. De diensten van Zuid-Europa waren 71,5% groter dan in Oost-Europa (US$1,0 biljoen); maar 2,3 keer minder dan in West-Europa (US$4,1 biljoen) en 17,7% minder dan in Noord-Europa (US$2,2 biljoen). De diensten per hoofd in Zuid-Europa waren in Zuid-Europa3,3 keer groter dan in Oost-Europa (US$3,5 duizend); maar 45,5% minder dan in West-Europa (US$21,3 duizend) en 44,7% minder dan in Noord-Europa (US$20,9 duizend). De groei van de diensten in Zuid-Europa was minder dan in Oost-Europa (1,9%), in Noord-Europa (1,7%) en in West-Europa (1,4%).

Leiders. De waarde van de diensten in Zuid-Europa in de jaren 2010 bestond uit: Italië (51,6%), Spanje (32,9%), Griekenland (5,9%), Portugal (5,3%), Kroatië (1,2%), en andere (3,1%). Het aandeel van de diensten in economie van de leiders: Griekenland (51,7%), Italië (49,5%), Portugal (47,8%), Spanje (47,3%) en Kroatië (43,5%). De waarde van de diensten per hoofd in Zuid-Europa onder de leiders: Italië ($15.188,9), Spanje ($12.445,9), Griekenland ($9.773,6), Portugal ($9.060,4) en Kroatië ($4.904,5). De groei van de diensten onder de leiders: Spanje (1,2%), Kroatië (1,1%), Portugal (0,34%), Italië (0,083%) en Griekenland (-1,4%).

Part III. Externe betrekkingen

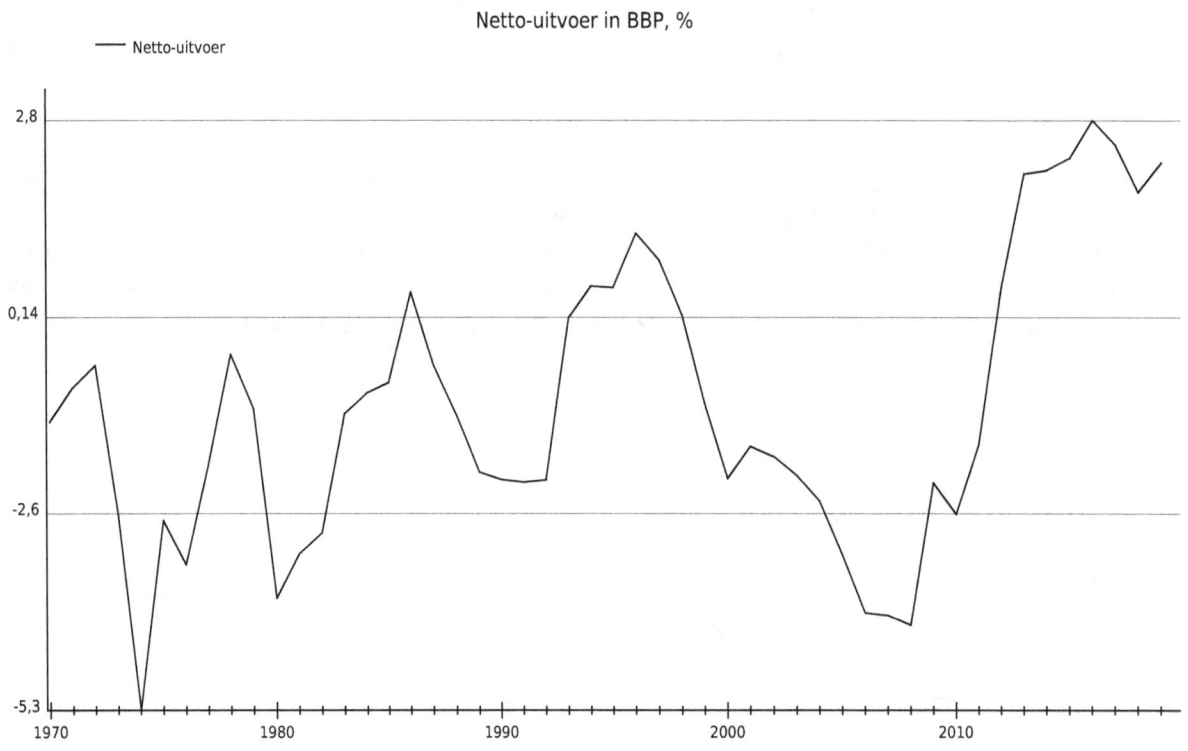

Netto-uitvoer in BBP, %

Hoofdstuk X. Uitvoer

Uitvoer van goederen en diensten

De waarde van de export in Zuid-Europa steeg van US$70,7 miljard per jaar in de jaren 1970 tot US$1,3 biljoen per jaar in de jaren 2010, dat wil zeggen met US$1,2 biljoen of 18,7 keer. De verandering vond plaats op US$929,6 miljard als gevolg van een 3,4-voudige stijging van de prijzen, en ook op US$308,5 miljard als gevolg van een 4,8-voudige toename van het tarief per hoofd , evenals op US$10,9 miljard als gevolg van de toename van de bevolking. De gemiddelde jaarlijkse groei van de export is 4,6%. De minimumwaarde van de export bedroeg US$28,2 miljard in 1970. De maximumwaarde van de export bedroeg US$1,5 biljoen in 2018.

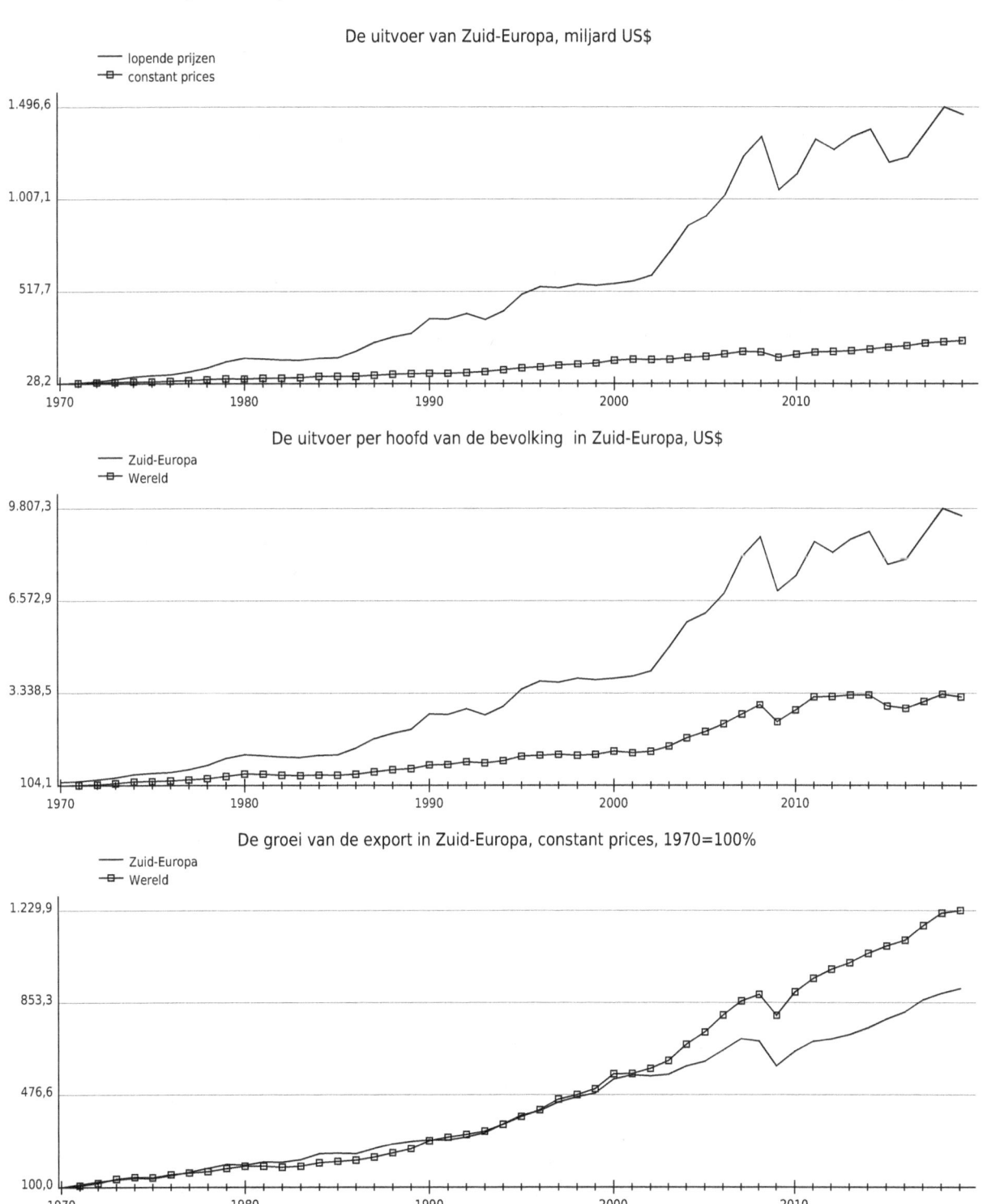

De uitvoer van Zuid-Europa, miljard US$

De uitvoer per hoofd van de bevolking in Zuid-Europa, US$

De groei van de export in Zuid-Europa, constant prices, 1970=100%

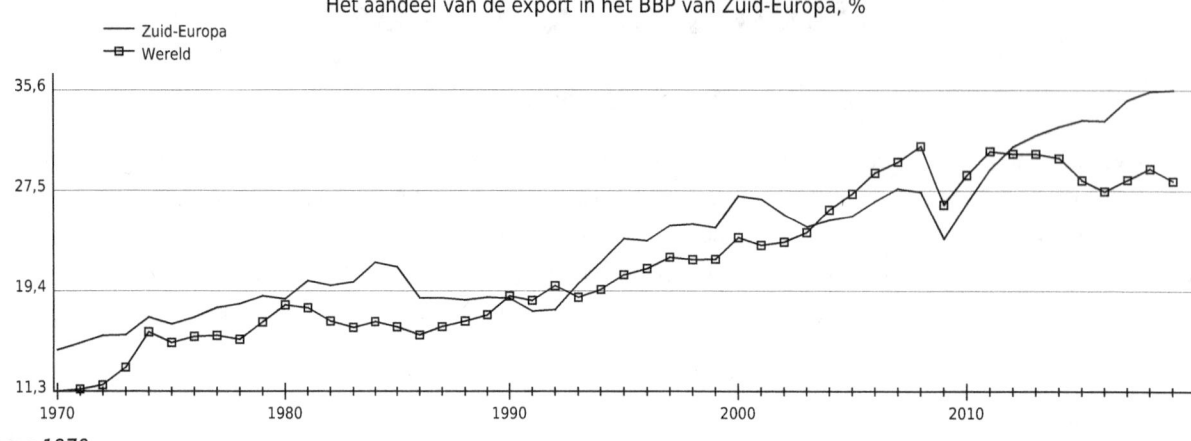

Het aandeel van de export in het BBP van Zuid-Europa, %

de jaren 1970

De waarde van de export in Zuid-Europa bedroeg in de jaren 1970 US$70,7 miljard per jaar. Het aandeel in de wereld was 7,2%, en 15,1% in Europa.

Het aandeel van de export in het BBP van Zuid-Europa was 17,4% in de jaren 1970, en was vergelijkbaar met Egypte (17,4%), Azië (17,3%), Europa (17,5%).

De waarde van de export per hoofd in Zuid-Europa was $533,0 in de jaren 1970s, en was vergelijkbaar met Swaziland (US$531,2), de Caraïben (US$526,2). De uitvoer per hoofd in Zuid-Europa was in 2,2 keer hoger dan de export per hoofd van de bevolking in de wereld ($242,1), en was 17,6% lager dan de export per hoofd van de bevolking in Europa ($242,1).

De groei van de export in Zuid-Europa bedroeg 7.6% in de jaren 1970, en was vergelijkbaar met El Salvador (7,5%), Cyprus (7,5%), Noord-Korea (7,6%). De groei van de export in Zuid-Europa (7,6%) was groter dan de groei van de export in de wereld (6,5%), was groter dan de groei van de export in Europa (6,1%).

Vergelijking met subregio's. De uitvoer van Zuid-Europa was groter dan in Oost-Europa (US$22,1 miljard); maar minder dan in West-Europa (US$262,8 miljard) en in Noord-Europa (US$113,6 miljard). De waarde van de export per hoofd in Zuid-Europa was in Zuid-Europa groter dan in Oost-Europa (US$64,7); maar minder dan in West-Europa (US$1.546,2) en in Noord-Europa (US$1.397,6). De groei van de export in Zuid-Europa was groter dan in West-Europa (5,6%) en in Noord-Europa (5,1%); maar minder dan in Oost-Europa (11,3%).

Leiders. De waarde van de export in Zuid-Europa in de jaren 1970 bestond uit: Italië (60,1%), Spanje (19,9%), Joegoslavië (8,1%), Griekenland (5,3%), Portugal (4,4%), en andere (2,2%). Het aandeel van de export in BBP van de leiders: Italië (19,5%), Portugal (17,9%), Joegoslavië (16,9%), Spanje (13,2%) en Griekenland (13,2%). De waarde van de export per hoofd in Zuid-Europa onder de leiders: Italië ($772,3), Griekenland ($418,4), Spanje ($394,2), Portugal ($339,0) en Joegoslavië ($270,9). De groei van de export onder de leiders: Griekenland (14,5%), Italië (8,0%), Spanje (7,6%), Joegoslavië (4,8%) en Portugal (4,5%).

de jaren 1980

De waarde van de export in Zuid-Europa bedroeg in de jaren 1980 US$198,0 miljard per jaar. Het aandeel in de wereld was 7,7%, en 17,0% in Europa.

Het aandeel van de export in het BBP van Zuid-Europa was 19,5% in de jaren 1980, en was vergelijkbaar met Kiribati (19,5%), Zimbabwe (19,5%), Italië (19,4%).

De uitvoer per hoofd in Zuid-Europa was $1.401,2 in de jaren 1980s, en was vergelijkbaar met de Verenigde Staten (US$1.413,8), Suriname (US$1.375,8). De waarde van de export per hoofd in Zuid-Europa was in 2,6 keer hoger dan de export per hoofd van de bevolking in de wereld ($529,9), en was 7,9% lager dan de export per hoofd van de bevolking in Europa ($529,9).

De groei van de export in Zuid-Europa bedroeg 4% in de jaren 1980, en was vergelijkbaar met Europa (4,0%), België (4,1%). De groei van de export in Zuid-Europa (4,0%) was groter dan de groei van de export in de wereld (3,8%), was groter dan de groei van de export in Europa (4,0%).

Vergelijking met subregio's. De waarde van de export in Zuid-Europa was groter dan in Oost-Europa (US$43,1 miljard); maar minder dan in West-Europa (US$637,3 miljard) en in Noord-Europa (US$289,6 miljard). De uitvoer per hoofd in Zuid-Europa was in Zuid-Europa groter dan in Oost-Europa (US$116,5); maar minder dan in West-Europa (US$3,7 duizend) en in Noord-Europa (US$3,5 duizend). De groei van de export in Zuid-Europa was groter dan in Noord-Europa (3,8%) en in Oost-Europa (0,63%); maar minder dan in West-Europa (4,4%).

Leiders. De waarde van de export in Zuid-Europa in de jaren 1980 bestond uit: Italië (58,1%), Spanje (22,4%), Joegoslavië (7,7%), Griekenland (5,2%), Portugal (5,0%), en andere (1,6%). Het aandeel van de export in BBP van de leiders: Portugal (26,0%), Joegoslavië (21,9%), Italië (19,4%), Spanje (17,6%) en Griekenland (17,5%). De waarde van de export per hoofd in Zuid-Europa onder de leiders: Italië ($2.025,6), Spanje ($1.148,2), Griekenland ($1.032,5), Portugal ($996,9) en Joegoslavië ($673,1). De groei van de export onder de leiders: Portugal (7,1%), Joegoslavië (6,2%), Spanje (5,1%), Italië (3,1%) en Griekenland (2,8%).

de jaren 1990

De waarde van de export in Zuid-Europa bedroeg in de jaren 1990 US$461,5 miljard per jaar. Het aandeel in de wereld was 7,9%, en 16,7% in Europa.

Het aandeel van de export in het BBP van Zuid-Europa was 21,8% in de jaren 1990, en was vergelijkbaar met Ecuador (21,8%), Nigeria (21,9%), de Centraal-Afrikaanse Republiek (21,7%).

De uitvoer per hoofd in Zuid-Europa was $3.202,7 in de jaren 1990s, en was vergelijkbaar met Oceanië (US$3,2 duizend). De waarde van de export per hoofd in Zuid-Europa was in 3,1 keer hoger dan de export per hoofd van de bevolking in de wereld ($1.029,5), en was 16,0% lager dan de export per hoofd van de bevolking in Europa ($1.029,5).

De groei van de export in Zuid-Europa bedroeg 5.4% in de jaren 1990, en was vergelijkbaar met Bahrein (5,4%), Papoea-Nieuw-Guinea (5,4%), Zambia (5,4%). De groei van de export in Zuid-Europa (5,4%) was minder dan de groei van de export in de wereld (6,9%), was minder dan de groei van de export in Europa (6,5%).

Vergelijking met subregio's. De waarde van de export in Zuid-Europa was groter dan in Oost-Europa (US$247,8 miljard); maar minder dan in West-Europa (US$1,4 biljoen) en in Noord-Europa (US$628,4 miljard). De uitvoer per hoofd in Zuid-Europa was in Zuid-Europa groter dan in Oost-Europa (US$802,2); maar minder dan in West-Europa (US$7,9 duizend) en in Noord-Europa (US$6,8 duizend). De groei van de export in Zuid-Europa was minder dan in Oost-Europa (15,2%), in Noord-Europa (6,7%) en in West-Europa (5,7%).

Leiders. De waarde van de export in Zuid-Europa in de jaren 1990 bestond uit: Italië (56,6%), Spanje (26,9%), Portugal (6,2%), Griekenland (4,2%), Slovenië (2,1%), en andere (4,0%). Het aandeel van de export in BBP van de leiders: Slovenië (53,5%), Portugal (26,3%), Italië (21,5%), Spanje (21,0%) en Griekenland (15,4%). De waarde van de export per hoofd in Zuid-Europa onder de leiders: Slovenië ($4.863,1), Italië ($4.584,2), Spanje ($3.121,4), Portugal ($2.821,3) en Griekenland ($1.827,8). De groei van de export onder de leiders: Spanje (9,4%), Griekenland (7,1%), Portugal (5,2%), Italië (4,9%) en Slovenië (-1,4%).

de jaren 2000

De waarde van de export in Zuid-Europa bedroeg in de jaren 2000 US$889,8 miljard per jaar. Het aandeel in de wereld was 7,1%, en 15,9% in Europa.

Het aandeel van de export in het BBP van Zuid-Europa was 26,0% in de jaren 2000, en was vergelijkbaar met Iran (25,9%), Myanmar (26,1%), Mexico (25,9%).

De uitvoer per hoofd in Zuid-Europa was $5.975,5 in de jaren 2000s, en was vergelijkbaar met Barbados (US$5,9 duizend), Maleisië (US$6,1 duizend). De uitvoer per hoofd in Zuid-Europa was in 3,1 keer hoger dan de export per hoofd van de bevolking in de wereld ($1.933,7), en was 21,8% lager dan de export per hoofd van de bevolking in Europa ($1.933,7).

De groei van de export in Zuid-Europa bedroeg 2.1% in de jaren 2000. De groei van de export in Zuid-Europa (2,1%) was minder dan de groei van de export in de wereld (4,8%), was minder dan de groei van de export in Europa (3,8%).

Vergelijking met subregio's. De uitvoer van Zuid-Europa was groter dan in Oost-Europa (US$654,9 miljard); maar minder dan in West-Europa (US$2,8 biljoen) en in Noord-Europa (US$1,3 biljoen). De uitvoer per hoofd in Zuid-Europa was in Zuid-Europa groter dan in Oost-Europa (US$2,2 duizend); maar minder dan in West-Europa (US$14,7 duizend) en in Noord-Europa (US$13,3 duizend). De groei van de export in Zuid-Europa was minder dan in Oost-Europa (7,1%), in West-Europa (3,8%) en in Noord-Europa (3,3%).

Leiders. De waarde van de export in Zuid-Europa in de jaren 2000 bestond uit: Italië (49,6%), Spanje (31,3%), Portugal (6,1%),

Griekenland (5,7%), Slovenië (2,4%), en andere (5,0%). Het aandeel van de export in BBP van de leiders: Slovenië (59,4%), Portugal (28,8%), Spanje (25,5%), Italië (25,1%) en Griekenland (21,3%). De uitvoer per hoofd in Zuid-Europa onder de leiders: Slovenië ($10.639,9), Italië ($7.603,7), Spanje ($6.372,0), Portugal ($5.161,0) en Griekenland ($4.563,7). De groei van de export onder de leiders: Slovenië (6,7%), Griekenland (3,1%), Portugal (3,0%), Spanje (2,5%) en Italië (1,0%).

de jaren 2010

De waarde van de export in Zuid-Europa bedroeg in de jaren 2010 US$1,3 biljoen per jaar, en was vergelijkbaar met Oost-Europa (US$1,3 biljoen). Het aandeel in de wereld was 5,8%, en 14,7% in Europa.

Het aandeel van de export in het BBP van Zuid-Europa was 32,3% in de jaren 2010, en was vergelijkbaar met Guinee (32,3%), Syrië (32,4%), Andorra (32,5%).

De waarde van de export per hoofd in Zuid-Europa was $8.627,3 in de jaren 2010s, en was vergelijkbaar met Portugal (US$8,5 duizend), Letland (US$8,8 duizend). De uitvoer per hoofd in Zuid-Europa was in 2,8 keer hoger dan de export per hoofd van de bevolking in de wereld ($3.098,9), en was 28,5% lager dan de export per hoofd van de bevolking in Europa ($3.098,9).

De groei van de export in Zuid-Europa bedroeg 4.4% in de jaren 2010, en was vergelijkbaar met Kameroen (4,3%), West-Europa (4,3%), Oost-Afrika (4,4%). De groei van de export in Zuid-Europa (4,4%) was minder dan de groei van de export in de wereld (4,4%), was minder dan de groei van de export in Europa (4,4%).

Vergelijking met subregio's. De waarde van de export in Zuid-Europa was 3,3 keer minder dan in West-Europa (US$4,4 biljoen), 31,4% minder dan in Noord-Europa (US$1,9 biljoen) en 1,3% minder dan in Oost-Europa (US$1,3 biljoen). De uitvoer per hoofd in Zuid-Europa was in Zuid-Europa89,9% groter dan in Oost-Europa (US$4,5 duizend); maar 2,6 keer minder dan in West-Europa (US$22,7 duizend) en 2,2 keer minder dan in Noord-Europa (US$18,7 duizend). De groei van de export in Zuid-Europa was groter dan in West-Europa (4,3%); maar minder dan in Oost-Europa (4,8%) en in Noord-Europa (4,4%).

Leiders. De waarde van de export in Zuid-Europa in de jaren 2010 bestond uit: Italië (45,2%), Spanje (33,3%), Portugal (6,7%), Griekenland (5,4%), Slovenië (2,8%), en andere (6,5%). Het aandeel van de export in BBP van de leiders: Slovenië (76,6%), Portugal (39,2%), Spanje (32,5%), Griekenland (31,0%) en Italië (29,0%). De uitvoer per hoofd in Zuid-Europa onder de leiders: Slovenië ($18.134,6), Italië ($9.910,7), Spanje ($9.385,4), Portugal ($8.526,8) en Griekenland ($6.678,0). De groei van de export onder de leiders: Slovenië (5,9%), Portugal (5,7%), Spanje (4,7%), Griekenland (4,4%) en Italië (3,6%).

Hoofdstuk XI. Invoer

Invoer van goederen en diensten

De invoer van Zuid-Europa steeg van US$78,6 miljard per jaar in de jaren 1970 tot US$1,3 biljoen per jaar in de jaren 2010, dat wil zeggen met US$1,2 biljoen of 16,2 keer. De verandering vond plaats op US$862,0 miljard als gevolg van een 3,1-voudige stijging van de prijzen, en ook op US$319,3 miljard als gevolg van een 4,5-voudige toename van het tarief per hoofd , evenals op US$12,1 miljard als gevolg van de toename van de bevolking. De gemiddelde jaarlijkse groei van de invoer is 4,3%. De minimumwaarde van de invoer bedroeg US$30,7 miljard in 1970. De maximumwaarde van de invoer bedroeg US$1,5 biljoen in 2008.

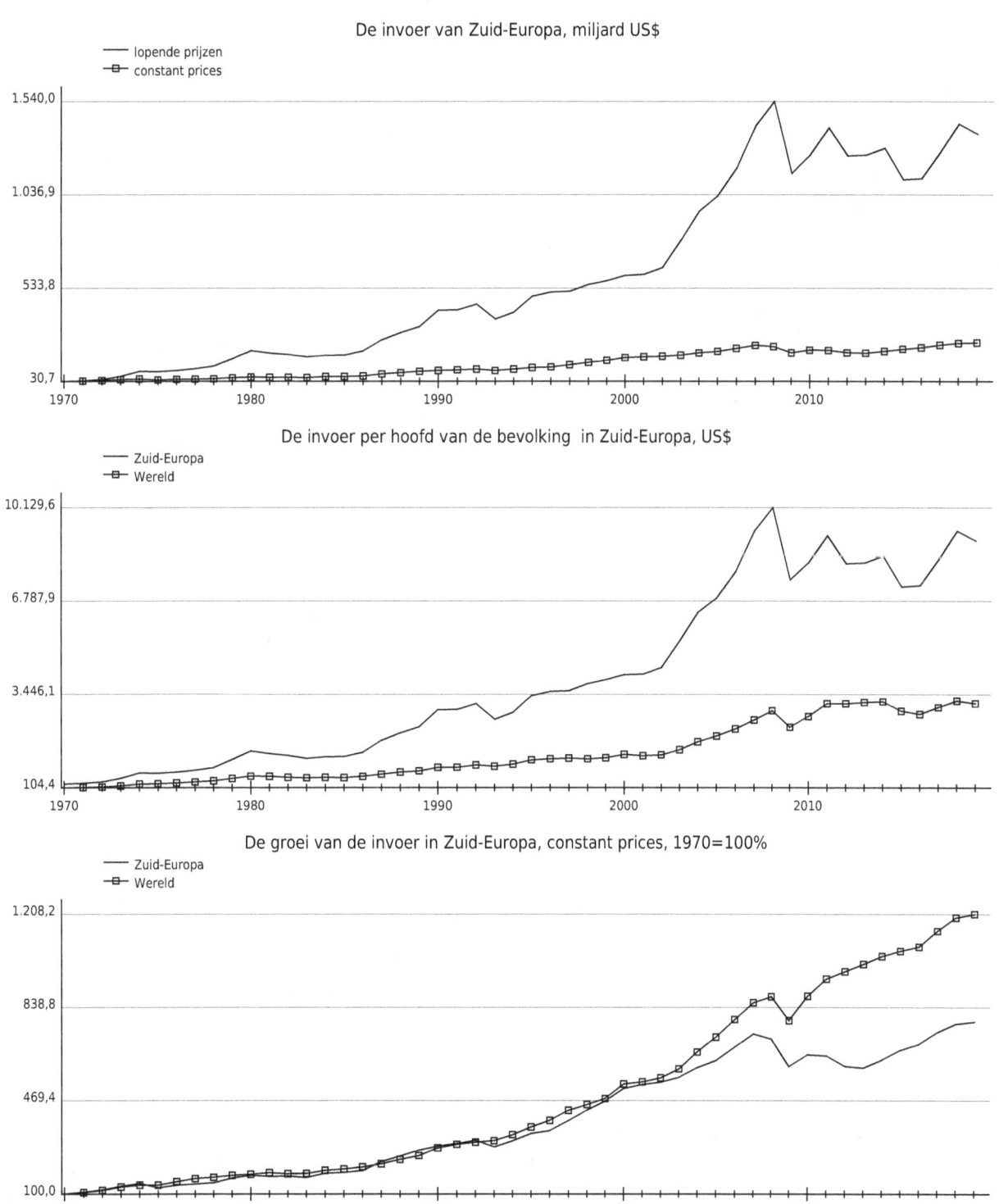

De invoer van Zuid-Europa, miljard US$

De invoer per hoofd van de bevolking in Zuid-Europa, US$

De groei van de invoer in Zuid-Europa, constant prices, 1970=100%

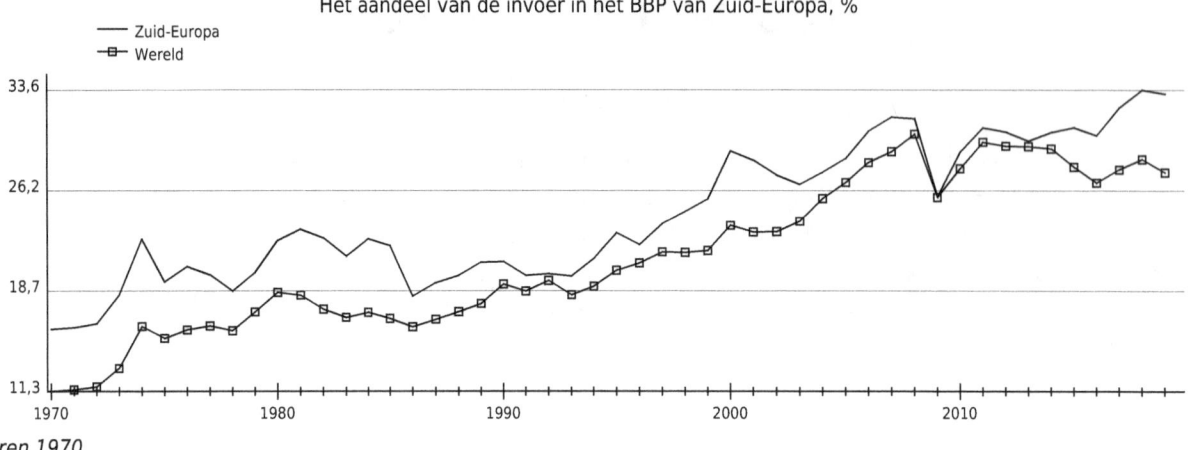

Het aandeel van de invoer in het BBP van Zuid-Europa, %

de jaren 1970

De invoer van Zuid-Europa bedroeg in de jaren 1970 US$78,6 miljard per jaar. Het aandeel in de wereld was 8,0%, en 16,1% in Europa.

Het aandeel van de invoer in het BBP van Zuid-Europa was 19,3% in de jaren 1970, en was vergelijkbaar met Italië (19,4%).

De invoer per hoofd in Zuid-Europa was $593,0 in de jaren 1970s, en was vergelijkbaar met Saint Kitts en Nevis (US$583,6). De invoer per hoofd in Zuid-Europa was in 2,4 keer hoger dan de invoer per hoofd van de bevolking in de wereld ($244,3), en was 11,8% lager dan de invoer per hoofd van de bevolking in Europa ($244,3).

De groei van de invoer in Zuid-Europa bedroeg 5.6% in de jaren 1970, en was vergelijkbaar met Duitsland (5,6%), Polen (5,6%), Israël (5,6%). De groei van de invoer in Zuid-Europa (5,6%) was minder dan de groei van de invoer in de wereld (6,3%), was groter dan de groei van de invoer in Europa (5,4%).

Vergelijking met subregio's. De waarde van de invoer in Zuid-Europa was groter dan in Oost-Europa (US$24,2 miljard); maar minder dan in West-Europa (US$267,2 miljard) en in Noord-Europa (US$117,7 miljard). De waarde van de invoer per hoofd in Zuid-Europa was in Zuid-Europa groter dan in Oost-Europa (US$70,9); maar minder dan in West-Europa (US$1.571,7) en in Noord-Europa (US$1.448,4). De groei van de invoer in Zuid-Europa was groter dan in Noord-Europa (4,1%); maar minder dan in Oost-Europa (7,4%) en in West-Europa (5,7%).

Leiders. De waarde van de invoer in Zuid-Europa in de jaren 1970 bestond uit: Italië (53,7%), Spanje (20,7%), Joegoslavië (10,4%), Griekenland (7,2%), Portugal (5,9%), en andere (2,1%). Het aandeel van de invoer in BBP van de leiders: Portugal (26,7%), Joegoslavië (24,3%), Griekenland (19,7%), Italië (19,4%) en Spanje (15,3%). De waarde van de invoer per hoofd in Zuid-Europa onder de leiders: Italië ($767,8), Griekenland ($626,8), Portugal ($504,8), Spanje ($457,1) en Joegoslavië ($390,6). De groei van de invoer onder de leiders: Griekenland (7,8%), Joegoslavië (7,8%), Spanje (6,7%), Italië (4,6%) en Portugal (4,4%).

de jaren 1980

De waarde van de invoer in Zuid-Europa bedroeg in de jaren 1980 US$213,3 miljard per jaar. Het aandeel in de wereld was 8,2%, en 17,9% in Europa.

Het aandeel van de invoer in het BBP van Zuid-Europa was 21,0% in de jaren 1980, en was vergelijkbaar met Afrika (20,9%).

De waarde van de invoer per hoofd in Zuid-Europa was $1.509,3 in de jaren 1980s, en was vergelijkbaar met Suriname (US$1.503,9), Saint Lucia (US$1.523,1). De invoer per hoofd in Zuid-Europa was in 2,8 keer hoger dan de invoer per hoofd van de bevolking in de wereld ($539,1), en was 2,7% lager dan de invoer per hoofd van de bevolking in Europa ($539,1).

De groei van de invoer in Zuid-Europa bedroeg 5.3% in de jaren 1980, en was vergelijkbaar met Zwitserland (5,3%). De groei van de invoer in Zuid-Europa (5,3%) was groter dan de groei van de invoer in de wereld (3,8%), was groter dan de groei van de invoer in Europa (4,1%).

Vergelijking met subregio's. De invoer van Zuid-Europa was groter dan in Oost-Europa (US$38,7 miljard); maar minder dan in West-Europa (US$651,2 miljard) en in Noord-Europa (US$287,3 miljard). De waarde van de invoer per hoofd in Zuid-Europa was in Zuid-Europa groter dan in Oost-Europa (US$104,6); maar minder dan in West-Europa (US$3,8 duizend) en in Noord-Europa (US$3,5 duizend). De groei van de invoer in Zuid-Europa was groter dan in Noord-Europa (4,4%), in West-Europa (3,8%) en in Oost-Europa

(2,1%).

Leiders. De invoer van Zuid-Europa in de jaren 1980 bestond uit: Italië (54,7%), Spanje (22,7%), Joegoslavië (8,2%), Griekenland (6,8%), Portugal (6,0%), en andere (1,6%). Het aandeel van de invoer in BBP van de leiders: Portugal (33,7%), Joegoslavië (25,0%), Griekenland (24,6%), Italië (19,7%) en Spanje (19,3%). De waarde van de invoer per hoofd in Zuid-Europa onder de leiders: Italië ($2.054,5), Griekenland ($1.451,8), Portugal ($1.291,6), Spanje ($1.258,3) en Joegoslavië ($768,1). De groei van de invoer onder de leiders: Spanje (8,1%), Portugal (6,4%), Griekenland (5,1%), Italië (4,9%) en Joegoslavië (2,5%).

de jaren 1990

De waarde van de invoer in Zuid-Europa bedroeg in de jaren 1990 US$469,4 miljard per jaar. Het aandeel in de wereld was 8,1%, en 17,7% in Europa.

Het aandeel van de invoer in het BBP van Zuid-Europa was 22,2% in de jaren 1990, en was vergelijkbaar met Senegal (22,1%), Guinee (22,3%).

De invoer per hoofd in Zuid-Europa was $3.257,9 in de jaren 1990s, en was vergelijkbaar met Oceanië (US$3,2 duizend), de Verenigde Staten (US$3,3 duizend), Maleisië (US$3,2 duizend). De invoer per hoofd in Zuid-Europa was in 3,2 keer hoger dan de invoer per hoofd van de bevolking in de wereld ($1.015,5), en was 10,9% lager dan de invoer per hoofd van de bevolking in Europa ($1.015,5).

De groei van de invoer in Zuid-Europa bedroeg 5.5% in de jaren 1990, en was vergelijkbaar met Mauritius (5,5%), West-Europa (5,5%). De groei van de invoer in Zuid-Europa (5,5%) was minder dan de groei van de invoer in de wereld (6,6%), was minder dan de groei van de invoer in Europa (5,9%).

Vergelijking met subregio's. De invoer van Zuid-Europa was groter dan in Oost-Europa (US$232,5 miljard); maar minder dan in West-Europa (US$1,4 biljoen) en in Noord-Europa (US$594,9 miljard). De invoer per hoofd in Zuid-Europa was in Zuid-Europa groter dan in Oost-Europa (US$752,7); maar minder dan in West-Europa (US$7,5 duizend) en in Noord-Europa (US$6,4 duizend). De groei van de invoer in Zuid-Europa was groter dan in West-Europa (5,5%); maar minder dan in Oost-Europa (10,5%) en in Noord-Europa (5,6%).

Leiders. De invoer van Zuid-Europa in de jaren 1990 bestond uit: Italië (49,8%), Spanje (28,6%), Portugal (7,8%), Griekenland (6,5%), Slovenië (2,0%), en andere (5,2%). Het aandeel van de invoer in BBP van de leiders: Slovenië (52,8%), Portugal (34,0%), Griekenland (24,2%), Spanje (22,8%) en Italië (19,3%). De waarde van de invoer per hoofd in Zuid-Europa onder de leiders: Slovenië ($4.792,9), Italië ($4.097,9), Portugal ($3.649,8), Spanje ($3.381,7) en Griekenland ($2.869,7). De groei van de invoer onder de leiders: Spanje (9,1%), Portugal (8,4%), Griekenland (7,6%), Italië (4,5%) en Slovenië (2,1%).

de jaren 2000

De invoer van Zuid-Europa bedroeg in de jaren 2000 US$990,2 miljard per jaar. Het aandeel in de wereld was 8,0%, en 18,6% in Europa.

Het aandeel van de invoer in het BBP van Zuid-Europa was 28,9% in de jaren 2000, en was vergelijkbaar met Koeweit (29,0%), Zuid-Afrika (29,0%), Ecuador (28,8%).

De waarde van de invoer per hoofd in Zuid-Europa was $6.650,0 in de jaren 2000s, en was vergelijkbaar met Portugal (US$6,6 duizend), Barbados (US$6,6 duizend). De invoer per hoofd in Zuid-Europa was in 3,5 keer hoger dan de invoer per hoofd van de bevolking in de wereld ($1.899,9), en was 8,7% lager dan de invoer per hoofd van de bevolking in Europa ($1.899,9).

De groei van de invoer in Zuid-Europa bedroeg 2.6% in de jaren 2000, en was vergelijkbaar met Honduras (2,6%). De groei van de invoer in Zuid-Europa (2,6%) was minder dan de groei van de invoer in de wereld (5,1%), was minder dan de groei van de invoer in Europa (4,0%).

Vergelijking met subregio's. De waarde van de invoer in Zuid-Europa was groter dan in Oost-Europa (US$600,5 miljard); maar minder dan in West-Europa (US$2,5 biljoen) en in Noord-Europa (US$1,2 biljoen). De invoer per hoofd in Zuid-Europa was in Zuid-Europa groter dan in Oost-Europa (US$2,0 duizend); maar minder dan in West-Europa (US$13,4 duizend) en in Noord-Europa (US$12,8 duizend). De groei van de invoer in Zuid-Europa was minder dan in Oost-Europa (9,5%), in Noord-Europa (3,8%) en in West-Europa (3,5%).

Leiders. De invoer van Zuid-Europa in de jaren 2000 bestond uit: Italië (44,6%), Spanje (32,2%), Griekenland (7,7%), Portugal (7,0%),

Slovenië (2,2%), en andere (6,3%). Het aandeel van de invoer in BBP van de leiders: Slovenië (60,2%), Portugal (37,0%), Griekenland (31,9%), Spanje (29,3%) en Italië (25,1%). De waarde van de invoer per hoofd in Zuid-Europa onder de leiders: Slovenië ($10.773,4), Italië ($7.613,1), Spanje ($7.304,9), Griekenland ($6.836,6) en Portugal ($6.646,0). De groei van de invoer onder de leiders: Slovenië (5,4%), Griekenland (3,4%), Spanje (2,8%), Portugal (2,0%) en Italië (1,7%).

de jaren 2010

De waarde van de invoer in Zuid-Europa bedroeg in de jaren 2010 US$1,3 biljoen per jaar. Het aandeel in de wereld was 5,8%, en 15,3% in Europa.

Het aandeel van de invoer in het BBP van Zuid-Europa was 31,1% in de jaren 2010, en was vergelijkbaar met Monaco (31,1%), Frankrijk (31,0%), Guatemala (31,3%).

De waarde van de invoer per hoofd in Zuid-Europa was $8.315,8 in de jaren 2010s. De waarde van de invoer per hoofd in Zuid-Europa was in 2,8 keer hoger dan de invoer per hoofd van de bevolking in de wereld ($3.015,6), en was 25,4% lager dan de invoer per hoofd van de bevolking in Europa ($3.015,6).

De groei van de invoer in Zuid-Europa bedroeg 2.6% in de jaren 2010, en was vergelijkbaar met Kiribati (2,6%), Kirgizië (2,6%). De groei van de invoer in Zuid-Europa (2,6%) was minder dan de groei van de invoer in de wereld (4,4%), was minder dan de groei van de invoer in Europa (4,3%).

Vergelijking met subregio's. De waarde van de invoer in Zuid-Europa was 6,1% groter dan in Oost-Europa (US$1,2 biljoen); maar 3,1 keer minder dan in West-Europa (US$4,0 biljoen) en 30,4% minder dan in Noord-Europa (US$1,8 biljoen). De waarde van de invoer per hoofd in Zuid-Europa was in Zuid-Europa2,0 keer groter dan in Oost-Europa (US$4,1 duizend); maar 2,5 keer minder dan in West-Europa (US$20,6 duizend) en 2,1 keer minder dan in Noord-Europa (US$17,8 duizend). De groei van de invoer in Zuid-Europa was minder dan in Oost-Europa (5,2%), in Noord-Europa (4,9%) en in West-Europa (4,3%).

Leiders. De waarde van de invoer in Zuid-Europa in de jaren 2010 bestond uit: Italië (44,2%), Spanje (32,0%), Portugal (7,1%), Griekenland (6,2%), Slovenië (2,7%), en andere (7,8%). Het aandeel van de invoer in BBP van de leiders: Slovenië (70,6%), Portugal (40,0%), Griekenland (34,3%), Spanje (30,1%) en Italië (27,3%). De invoer per hoofd in Zuid-Europa onder de leiders: Slovenië ($16.723,1), Italië ($9.330,6), Portugal ($8.708,8), Spanje ($8.689,1) en Griekenland ($7.384,5). De groei van de invoer onder de leiders: Slovenië (4,7%), Portugal (3,7%), Spanje (2,5%), Italië (2,3%) en Griekenland (1,1%).

Part IV. Verbruik

Hoofdstuk XII. Overheidsuitgaven

Consumptie-uitgaven van de overheid

De overheidsuitgaven van Zuid-Europa steeg van US$59,4 miljard per jaar in de jaren 1970 tot US$794,7 miljard per jaar in de jaren 2010, dat wil zeggen met US$735,3 miljard of 13,4 keer. De verandering vond plaats op US$659,2 miljard als gevolg van een 5,9-voudige stijging van de prijzen, en ook op US$67,0 miljard als gevolg van een 2,0-voudige toename van het tarief per hoofd , evenals op US$9,1 miljard als gevolg van de toename van de bevolking. De gemiddelde jaarlijkse groei van de overheidsuitgaven is 2,2%. De minimumwaarde van de overheidsuitgaven bedroeg US$26,4 miljard in 1970. De maximumwaarde van de overheidsuitgaven bedroeg US$946,5 miljard in 2008.

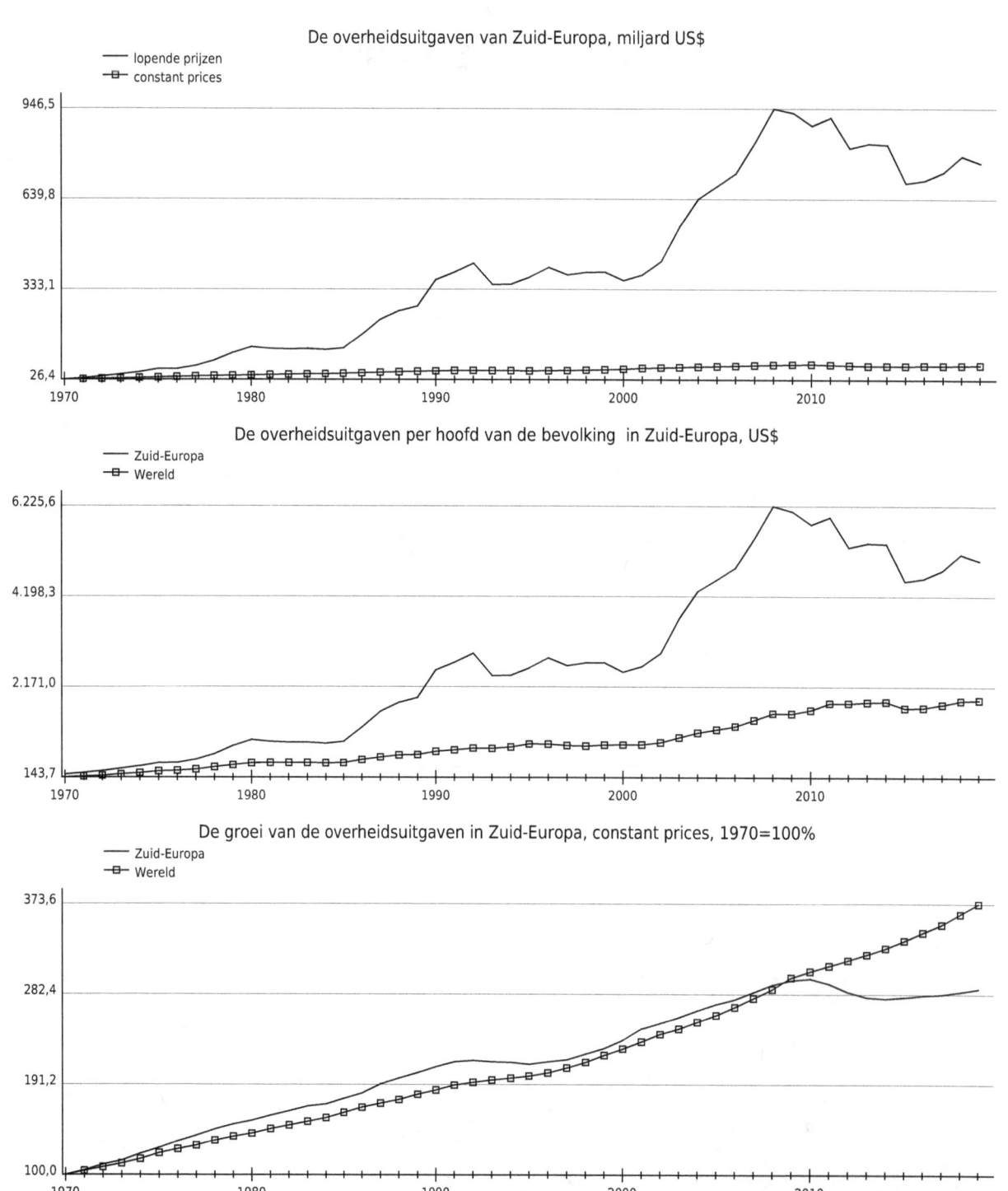

De overheidsuitgaven van Zuid-Europa, miljard US$

De overheidsuitgaven per hoofd van de bevolking in Zuid-Europa, US$

De groei van de overheidsuitgaven in Zuid-Europa, constant prices, 1970=100%

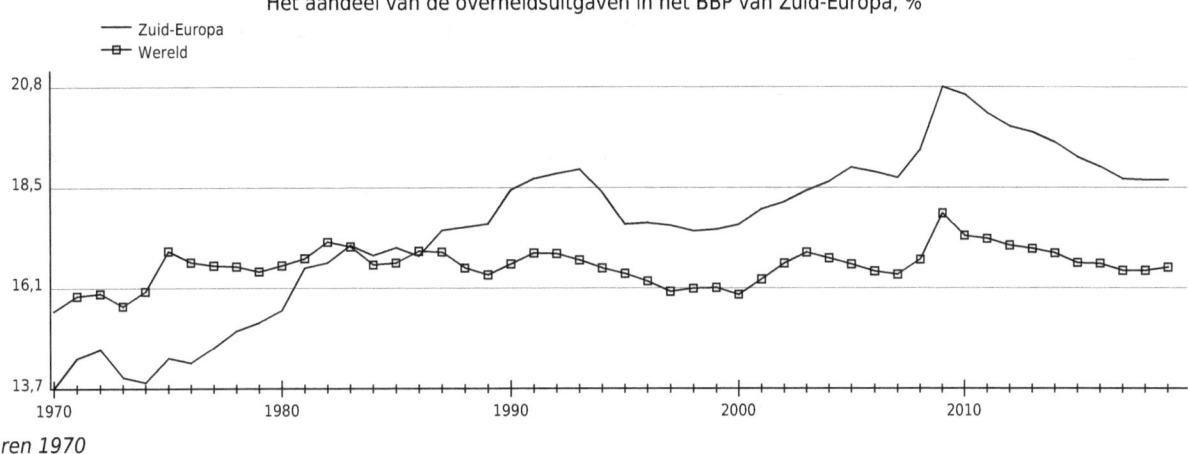

Het aandeel van de overheidsuitgaven in het BBP van Zuid-Europa, %

de jaren 1970

De overheidsuitgaven van Zuid-Europa bedroeg in de jaren 1970 US$59,4 miljard per jaar. Het aandeel in de wereld was 5,5%, en 12,1% in Europa.

Het aandeel van de overheidsuitgaven in het BBP van Zuid-Europa was 14,6% in de jaren 1970, en was vergelijkbaar met Saint Lucia (14,6%), Zuidelijk Afrika (14,6%), Fiji (14,7%).

De overheidsuitgaven per hoofd in Zuid-Europa was $448,1 in de jaren 1970s, en was vergelijkbaar met Palau (US$444,8), Griekenland (US$454,9). De overheidsuitgaven per hoofd in Zuid-Europa was 69,0% hoger dan de overheidsuitgaven per hoofd van de bevolking in de wereld ($265,2), en was 34,0% lager dan de overheidsuitgaven per hoofd van de bevolking in Europa ($265,2).

De groei van de overheidsuitgaven in Zuid-Europa bedroeg 4.7% in de jaren 1970, en was vergelijkbaar met Vietnam (4,7%), Belize (4,7%). De groei van de overheidsuitgaven in Zuid-Europa (4,7%) was groter dan de groei van de overheidsuitgaven in de wereld (3,7%), was groter dan de groei van de overheidsuitgaven in Europa (4,5%).

Vergelijking met subregio's. De overheidsuitgaven van Zuid-Europa was minder dan in West-Europa (US$207,1 miljard), in Oost-Europa (US$139,4 miljard) en in Noord-Europa (US$86,6 miljard). De overheidsuitgaven per hoofd in Zuid-Europa was in Zuid Europa groter dan in Oost-Europa (US$408,0); maar minder dan in West-Europa (US$1.218,4) en in Noord-Europa (US$1.066,0). De groei van de overheidsuitgaven in Zuid-Europa was groter dan in West-Europa (4,4%) en in Noord-Europa (3,1%); maar minder dan in Oost-Europa (7,2%).

Leiders. De overheidsuitgaven van Zuid-Europa in de jaren 1970 bestond uit: Italië (58,7%), Spanje (20,6%), Joegoslavië (9,6%), Griekenland (6,9%), Portugal (3,5%). Het aandeel van de overheidsuitgaven in BBP van de leiders: Joegoslavië (17,0%), Italië (16,0%), Griekenland (14,3%), Portugal (12,1%) en Spanje (11,5%). De overheidsuitgaven per hoofd in Zuid-Europa onder de leiders: Italië ($634,2), Griekenland ($454,9), Spanje ($343,6), Joegoslavië ($272,4) en Portugal ($228,3). De groei van de overheidsuitgaven onder de leiders: Portugal (8,4%), Griekenland (6,9%), Joegoslavië (6,8%), Spanje (5,6%) en Italië (3,8%).

de jaren 1980

De overheidsuitgaven van Zuid-Europa bedroeg in de jaren 1980 US$173,1 miljard per jaar. Het aandeel in de wereld was 6,8%, en 16,1% in Europa.

Het aandeel van de overheidsuitgaven in het BBP van Zuid-Europa was 17,0% in de jaren 1980, en was vergelijkbaar met Benin (17,0%), Tunesië (17,1%), Ivoorkust (17,0%).

De overheidsuitgaven per hoofd in Zuid-Europa was $1.225,1 in de jaren 1980s. De overheidsuitgaven per hoofd in Zuid-Europa was in 2,3 keer hoger dan de overheidsuitgaven per hoofd van de bevolking in de wereld ($523,5), en was 12,8% lager dan de overheidsuitgaven per hoofd van de bevolking in Europa ($523,5).

De groei van de overheidsuitgaven in Zuid-Europa bedroeg 3% in de jaren 1980, en was vergelijkbaar met Mauritius (3,0%). De groei van de overheidsuitgaven in Zuid-Europa (3,0%) was groter dan de groei van de overheidsuitgaven in de wereld (2,7%), was groter dan de groei van de overheidsuitgaven in Europa (2,3%).

Vergelijking met subregio's. De overheidsuitgaven van Zuid-Europa was minder dan in West-Europa (US$467,4 miljard), in

Oost-Europa (US$219,4 miljard) en in Noord-Europa (US$218,4 miljard). De overheidsuitgaven per hoofd in Zuid-Europa was in Zuid-Europa groter dan in Oost-Europa (US$592,9); maar minder dan in West-Europa (US$2,7 duizend) en in Noord-Europa (US$2,6 duizend). De groei van de overheidsuitgaven in Zuid-Europa was groter dan in West-Europa (1,9%) en in Noord-Europa (1,2%); maar minder dan in Oost-Europa (4,0%).

Leiders. De overheidsuitgaven van Zuid-Europa in de jaren 1980 bestond uit: Italië (62,8%), Spanje (21,9%), Joegoslavië (6,0%), Griekenland (6,0%), Portugal (2,9%). Het aandeel van de overheidsuitgaven in BBP van de leiders: Italië (18,3%), Griekenland (17,6%), Spanje (15,1%), Joegoslavië (14,9%) en Portugal (13,4%). De overheidsuitgaven per hoofd in Zuid-Europa onder de leiders: Italië ($1.914,6), Griekenland ($1.040,0), Spanje ($984,1), Portugal ($514,5) en Joegoslavië ($456,1). De groei van de overheidsuitgaven onder de leiders: Portugal (5,3%), Spanje (4,7%), Italië (2,9%), Griekenland (1,3%) en Joegoslavië (-0,88%).

de jaren 1990

De overheidsuitgaven van Zuid-Europa bedroeg in de jaren 1990 US$382,4 miljard per jaar. Het aandeel in de wereld was 8,1%, en 20,1% in Europa.

Het aandeel van de overheidsuitgaven in het BBP van Zuid-Europa was 18,1% in de jaren 1990, en was vergelijkbaar met Tonga (18,0%), Kaapverdië (18,0%), Australazië (18,0%).

De overheidsuitgaven per hoofd in Zuid-Europa was $2.653,9 in de jaren 1990s, en was vergelijkbaar met Nieuw-Zeeland (US$2,6 duizend), Europa (US$2,6 duizend), de Verenigde Arabische Emiraten (US$2,7 duizend). De overheidsuitgaven per hoofd in Zuid-Europa was in 3,2 keer hoger dan de overheidsuitgaven per hoofd van de bevolking in de wereld ($824,8), en was 1,3% hoger dan de overheidsuitgaven per hoofd van de bevolking in Europa ($824,8).

De groei van de overheidsuitgaven in Zuid-Europa bedroeg 1.1% in de jaren 1990, en was vergelijkbaar met Finland (1,1%). De groei van de overheidsuitgaven in Zuid-Europa (1,1%) was minder dan de groei van de overheidsuitgaven in de wereld (2,0%), was minder dan de groei van de overheidsuitgaven in Europa (1,3%).

Vergelijking met subregio's. De overheidsuitgaven van Zuid-Europa was groter dan in Oost-Europa (US$145,2 miljard); maar minder dan in West-Europa (US$960,6 miljard) en in Noord-Europa (US$416,2 miljard). De overheidsuitgaven per hoofd in Zuid-Europa was in Zuid-Europa groter dan in Oost-Europa (US$470,2); maar minder dan in West-Europa (US$5,3 duizend) en in Noord-Europa (US$4,5 duizend). De groei van de overheidsuitgaven in Zuid-Europa was groter dan in Oost-Europa (-2,0%); maar minder dan in Noord-Europa (2,3%) en in West-Europa (2,1%).

Leiders. De overheidsuitgaven van Zuid-Europa in de jaren 1990 bestond uit: Italië (58,7%), Spanje (26,7%), Griekenland (5,7%), Portugal (4,9%), Servië (1,2%), en andere (2,8%). Het aandeel van de overheidsuitgaven in BBP van de leiders: Servië (19,1%), Italië (18,5%), Portugal (17,3%), Spanje (17,3%) en Griekenland (17,2%). De overheidsuitgaven per hoofd in Zuid-Europa onder de leiders: Italië ($3.939,3), Spanje ($2.565,3), Griekenland ($2.036,5), Portugal ($1.860,2) en Servië ($490,5). De groei van de overheidsuitgaven onder de leiders: Portugal (3,3%), Spanje (3,2%), Griekenland (1,1%), Italië (0,20%) en Servië (-5,8%).

de jaren 2000

De overheidsuitgaven van Zuid-Europa bedroeg in de jaren 2000 US$648,2 miljard per jaar. Het aandeel in de wereld was 8,3%, en 21,3% in Europa.

Het aandeel van de overheidsuitgaven in het BBP van Zuid-Europa was 18,9% in de jaren 2000, en was vergelijkbaar met Letland (19,0%), Zuidelijk Afrika (19,0%), Slowakije (18,9%).

De overheidsuitgaven per hoofd in Zuid-Europa was $4.353,2 in de jaren 2000s, en was vergelijkbaar met Griekenland (US$4,3 duizend), Nieuw-Zeeland (US$4,3 duizend), Oceanië (US$4,4 duizend). De overheidsuitgaven per hoofd in Zuid-Europa was in 3,6 keer hoger dan de overheidsuitgaven per hoofd van de bevolking in de wereld ($1.200,9), en was 4,4% hoger dan de overheidsuitgaven per hoofd van de bevolking in Europa ($1.200,9).

De groei van de overheidsuitgaven in Zuid-Europa bedroeg 2.7% in de jaren 2000, en was vergelijkbaar met Malta (2,7%). De groei van de overheidsuitgaven in Zuid-Europa (2,7%) was minder dan de groei van de overheidsuitgaven in de wereld (3,1%), was groter dan de groei van de overheidsuitgaven in Europa (2,1%).

Vergelijking met subregio's. De overheidsuitgaven van Zuid-Europa was groter dan in Oost-Europa (US$296,7 miljard); maar minder dan in West-Europa (US$1,3 biljoen) en in Noord-Europa (US$757,5 miljard). De overheidsuitgaven per hoofd in Zuid-Europa was in

Zuid-Europa groter dan in Oost-Europa (US$993,3); maar minder dan in Noord-Europa (US$7,9 duizend) en in West-Europa (US$7,2 duizend). De groei van de overheidsuitgaven in Zuid-Europa was groter dan in Noord-Europa (2,5%), in Oost-Europa (2,0%) en in West-Europa (1,8%).

Leiders. De overheidsuitgaven van Zuid-Europa in de jaren 2000 bestond uit: Italië (52,2%), Spanje (30,0%), Griekenland (7,5%), Portugal (5,8%), Kroatië (1,3%), en andere (3,2%). Het aandeel van de overheidsuitgaven in BBP van de leiders: Griekenland (20,3%), Portugal (20,1%), Italië (19,3%), Kroatië (19,1%) en Spanje (17,9%). De overheidsuitgaven per hoofd in Zuid-Europa onder de leiders: Italië ($5.836,2), Spanje ($4.458,6), Griekenland ($4.344,3), Portugal ($3.611,8) en Kroatië ($1.906,7). De groei van de overheidsuitgaven onder de leiders: Spanje (5,0%), Griekenland (3,4%), Portugal (2,1%), Kroatië (2,0%) en Italië (1,4%).

de jaren 2010

De overheidsuitgaven van Zuid-Europa bedroeg in de jaren 2010 US$794,7 miljard per jaar. Het aandeel in de wereld was 6,1%, en 18,7% in Europa.

Het aandeel van de overheidsuitgaven in het BBP van Zuid-Europa was 19,4% in de jaren 2010, en was vergelijkbaar met San Marino (19,4%), Italië (19,4%), Tsjechië (19,5%).

De overheidsuitgaven per hoofd in Zuid-Europa was $5.195,7 in de jaren 2010s. De overheidsuitgaven per hoofd in Zuid-Europa was in 2,9 keer hoger dan de overheidsuitgaven per hoofd van de bevolking in de wereld ($1.785,1), en was 8,9% lager dan de overheidsuitgaven per hoofd van de bevolking in Europa ($1.785,1).

De groei van de overheidsuitgaven in Zuid-Europa bedroeg -0.3% in de jaren 2010. De groei van de overheidsuitgaven in Zuid-Europa (-0,30%) was minder dan de groei van de overheidsuitgaven in de wereld (2,3%), was minder dan de groei van de overheidsuitgaven in Europa (0,99%).

Vergelijking met subregio's. De overheidsuitgaven van Zuid-Europa was 37,1% groter dan in Oost-Europa (US$579,6 miljard); maar 2,4 keer minder dan in West-Europa (US$1,9 biljoen) en 20,6% minder dan in Noord-Europa (US$1,0 biljoen). De overheidsuitgaven per hoofd in Zuid-Europa was in Zuid-Europa2,6 keer groter dan in Oost-Europa (US$1.969,5); maar 46,6% minder dan in Noord-Europa (US$9,7 duizend) en 46,1% minder dan in West-Europa (US$9,6 duizend). De groei van de overheidsuitgaven in Zuid-Europa was minder dan in West-Europa (1,4%), in Noord-Europa (1,2%) en in Oost-Europa (1,1%).

Leiders. De overheidsuitgaven van Zuid-Europa in de jaren 2010 bestond uit: Italië (50,3%), Spanje (33,2%), Griekenland (6,1%), Portugal (5,2%), Kroatië (1,4%), en andere (3,7%). Het aandeel van de overheidsuitgaven in BBP van de leiders: Griekenland (20,9%), Kroatië (20,1%), Spanje (19,6%), Italië (19,4%) en Portugal (18,3%). De overheidsuitgaven per hoofd in Zuid-Europa onder de leiders: Italië ($6.638,5), Spanje ($5.643,4), Griekenland ($4.514,4), Portugal ($3.970,6) en Kroatië ($2.717,0). De groei van de overheidsuitgaven onder de leiders: Kroatië (0,67%), Spanje (0,32%), Italië (-0,49%), Portugal (-0,83%) en Griekenland (-2,6%).

Hoofdstuk XIII. Huishoudelijke uitgaven

Consumptieve bestedingen van de huishoudens

De huishoudelijke uitgaven van Zuid-Europa steeg van US$245,1 miljard per jaar in de jaren 1970 tot US$2,5 biljoen per jaar in de jaren 2010, dat wil zeggen met US$2,2 biljoen of 10,2 keer. De verandering vond plaats op US$2,0 biljoen als gevolg van een 4,9-voudige stijging van de prijzen, en ook op US$227,5 miljard als gevolg van een 1,8-voudige toename van het tarief per hoofd , evenals op US$37,7 miljard als gevolg van de toename van de bevolking. De gemiddelde jaarlijkse groei van de huishoudelijke uitgaven is 2,0%. De minimumwaarde van de huishoudelijke uitgaven bedroeg US$115,7 miljard in 1970. De maximumwaarde van de huishoudelijke uitgaven bedroeg US$2,9 biljoen in 2008.

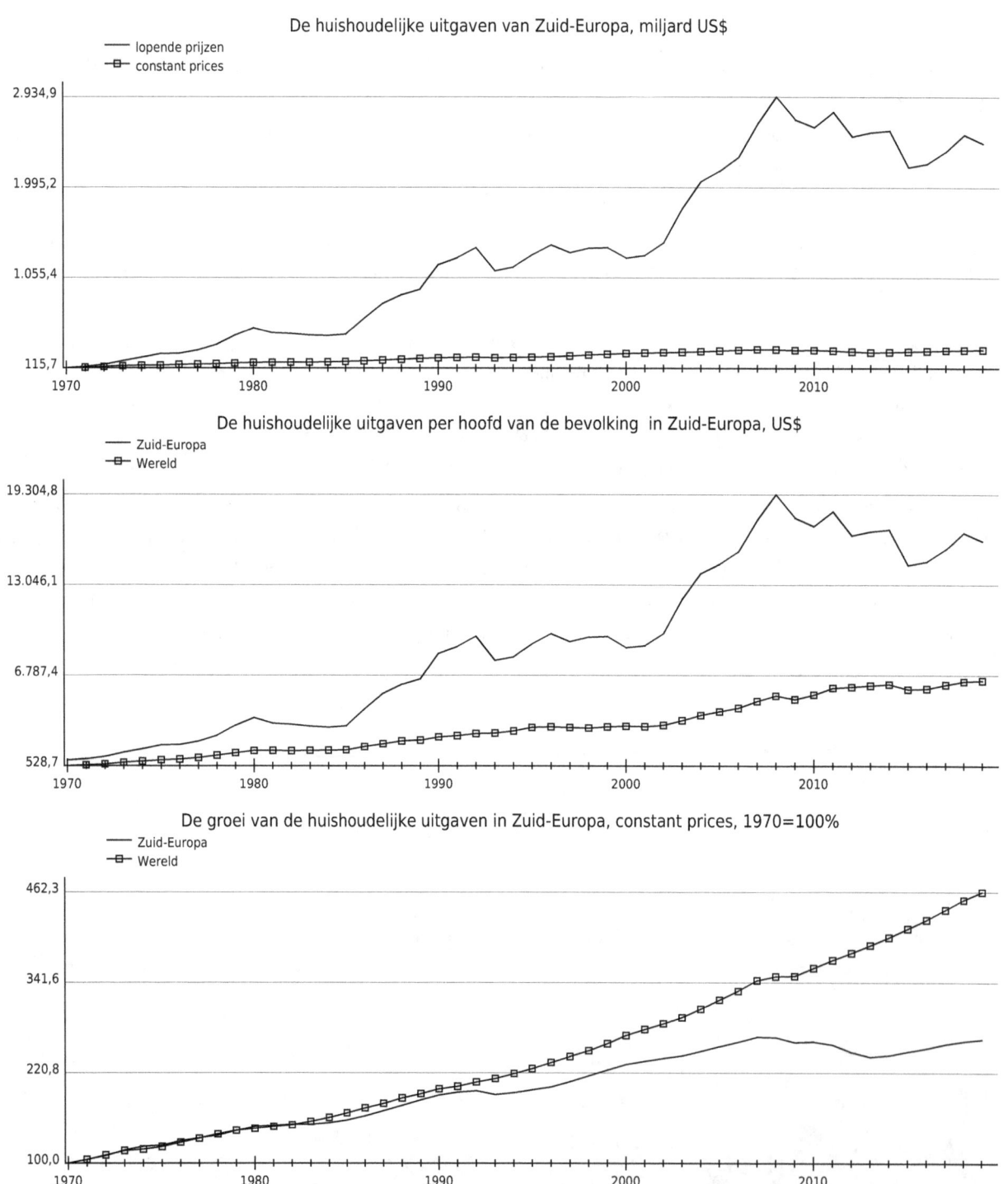

De huishoudelijke uitgaven van Zuid-Europa, miljard US$

De huishoudelijke uitgaven per hoofd van de bevolking in Zuid-Europa, US$

De groei van de huishoudelijke uitgaven in Zuid-Europa, constant prices, 1970=100%

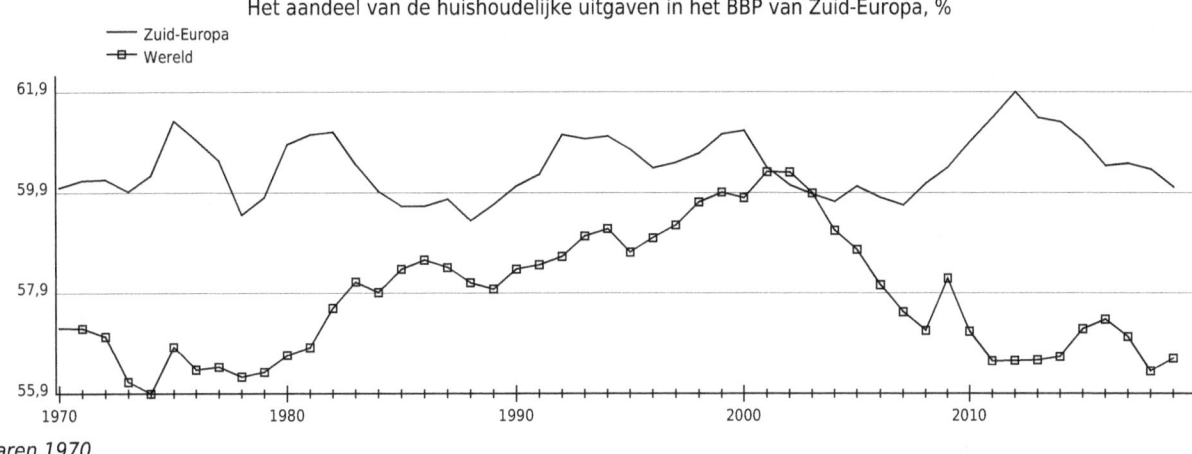

Het aandeel van de huishoudelijke uitgaven in het BBP van Zuid-Europa, %

de jaren 1970

De huishoudelijke uitgaven van Zuid-Europa bedroeg in de jaren 1970 US$245,1 miljard per jaar. Het aandeel in de wereld was 6,6%, en 16,6% in Europa.

Het aandeel van de huishoudelijke uitgaven in het BBP van Zuid-Europa was 60,2% in de jaren 1970, en was vergelijkbaar met Liechtenstein (60,0%), Noord-Amerika (60,0%), Nieuw-Zeeland (59,9%).

De huishoudelijke uitgaven per hoofd in Zuid-Europa was $1.848,8 in de jaren 1970s, en was vergelijkbaar met Griekenland (US$1.854,9). De huishoudelijke uitgaven per hoofd in Zuid-Europa was in 2,0 keer hoger dan de huishoudelijke uitgaven per hoofd van de bevolking in de wereld ($914,8), en was 9,4% lager dan de huishoudelijke uitgaven per hoofd van de bevolking in Europa ($914,8).

De groei van de huishoudelijke uitgaven in Zuid-Europa bedroeg 4.1% in de jaren 1970, en was vergelijkbaar met Nigeria (4,1%), Afrika (4,1%), Panama (4,1%). De groei van de huishoudelijke uitgaven in Zuid-Europa (4,1%) was minder dan de groei van de huishoudelijke uitgaven in de wereld (4,1%), was groter dan de groei van de huishoudelijke uitgaven in Europa (3,7%).

Vergelijking met subregio's. De huishoudelijke uitgaven van Zuid-Europa was minder dan in West-Europa (US$602,9 miljard), in Oost-Europa (US$379,7 miljard) en in Noord-Europa (US$253,1 miljard). De huishoudelijke uitgaven per hoofd in Zuid-Europa was in Zuid Europa groter dan in Oost-Europa (US$1.111,6); maar minder dan in West-Europa (US$3,5 duizend) en in Noord-Europa (US$3,1 duizend). De groei van de huishoudelijke uitgaven in Zuid-Europa was groter dan in West-Europa (3,6%) en in Noord-Europa (2,6%); maar minder dan in Oost-Europa (5,1%).

Leiders. De huishoudelijke uitgaven van Zuid-Europa in de jaren 1970 bestond uit: Italië (52,4%), Spanje (27,8%), Joegoslavië (7,1%), Griekenland (6,8%), Portugal (4,9%). Het aandeel van de huishoudelijke uitgaven in BBP van de leiders: Portugal (70,0%), Spanje (64,2%), Italië (59,0%), Griekenland (58,3%) en Joegoslavië (52,0%). De huishoudelijke uitgaven per hoofd in Zuid-Europa onder de leiders: Italië ($2.335,7), Spanje ($1.913,4), Griekenland ($1.854,9), Portugal ($1.322,4) en Joegoslavië ($834,0). De groei van de huishoudelijke uitgaven onder de leiders: Joegoslavië (6,1%), Griekenland (5,8%), Portugal (4,3%), Spanje (4,1%) en Italië (3,7%).

de jaren 1980

De huishoudelijke uitgaven van Zuid-Europa bedroeg in de jaren 1980 US$609,8 miljard per jaar, en was vergelijkbaar met Noord-Europa (US$622,6 miljard). Het aandeel in de wereld was 7,0%, en 19,9% in Europa.

Het aandeel van de huishoudelijke uitgaven in het BBP van Zuid-Europa was 60,0% in de jaren 1980, en was vergelijkbaar met Jamaica (60,1%), IJsland (59,9%), Cyprus (59,8%).

De huishoudelijke uitgaven per hoofd in Zuid-Europa was $4.315,5 in de jaren 1980s, en was vergelijkbaar met Nieuw-Caledonië (US$4,4 duizend). De huishoudelijke uitgaven per hoofd in Zuid-Europa was in 2,4 keer hoger dan de huishoudelijke uitgaven per hoofd van de bevolking in de wereld ($1.808,0), en was 8,1% hoger dan de huishoudelijke uitgaven per hoofd van de bevolking in Europa ($1.808,0).

De groei van de huishoudelijke uitgaven in Zuid-Europa bedroeg 2.6% in de jaren 1980, en was vergelijkbaar met de Caraïben (2,6%), de Cookeilanden (2,6%), Portugal (2,6%). De groei van de huishoudelijke uitgaven in Zuid-Europa (2,6%) was minder dan de groei van de huishoudelijke uitgaven in de wereld (3,0%), was groter dan de groei van de huishoudelijke uitgaven in Europa (2,3%).

Vergelijking met subregio's. De huishoudelijke uitgaven van Zuid-Europa was groter dan in Oost-Europa (US$541,4 miljard); maar minder dan in West-Europa (US$1,3 biljoen) en in Noord-Europa (US$622,6 miljard). De huishoudelijke uitgaven per hoofd in Zuid-Europa was in Zuid-Europa groter dan in Oost-Europa (US$1.462,8); maar minder dan in Noord-Europa (US$7,5 duizend) en in West-Europa (US$7,4 duizend). De groei van de huishoudelijke uitgaven in Zuid-Europa was groter dan in Oost-Europa (2,2%) en in West-Europa (1,9%); maar minder dan in Noord-Europa (3,0%).

Leiders. De huishoudelijke uitgaven van Zuid-Europa in de jaren 1980 bestond uit: Italië (57,5%), Spanje (26,1%), Griekenland (6,0%), Joegoslavië (5,8%), Portugal (4,1%). Het aandeel van de huishoudelijke uitgaven in BBP van de leiders: Portugal (66,4%), Spanje (63,3%), Griekenland (62,3%), Italië (59,1%) en Joegoslavië (50,4%). De huishoudelijke uitgaven per hoofd in Zuid-Europa onder de leiders: Italië ($6.172,6), Spanje ($4.128,8), Griekenland ($3.680,9), Portugal ($2.544,5) en Joegoslavië ($1.547,8). De groei van de huishoudelijke uitgaven onder de leiders: Italië (3,0%), Portugal (2,6%), Spanje (2,3%), Griekenland (1,9%) en Joegoslavië (0,17%).

de jaren 1990

De huishoudelijke uitgaven van Zuid-Europa bedroeg in de jaren 1990 US$1,3 biljoen per jaar, en was vergelijkbaar met Noord-Europa (US$1,3 biljoen). Het aandeel in de wereld was 7,6%, en 22,9% in Europa.

Het aandeel van de huishoudelijke uitgaven in het BBP van Zuid-Europa was 60,6% in de jaren 1990, en was vergelijkbaar met Zuidelijk Afrika (60,7%), Polen (60,5%), Cyprus (60,5%).

De huishoudelijke uitgaven per hoofd in Zuid-Europa was $8.910,8 in de jaren 1990s, en was vergelijkbaar met Nieuw-Zeeland (US$8,9 duizend), Oceanië (US$8,9 duizend), Spanje (US$9,0 duizend). De huishoudelijke uitgaven per hoofd in Zuid-Europa was in 3,0 keer hoger dan de huishoudelijke uitgaven per hoofd van de bevolking in de wereld ($2.963,9), en was 15,7% hoger dan de huishoudelijke uitgaven per hoofd van de bevolking in Europa ($2.963,9).

De groei van de huishoudelijke uitgaven in Zuid-Europa bedroeg 2% in de jaren 1990, en was vergelijkbaar met Colombia (2,0%), Denemarken (2,0%). De groei van de huishoudelijke uitgaven in Zuid-Europa (2,0%) was minder dan de groei van de huishoudelijke uitgaven in de wereld (3,0%), was groter dan de groei van de huishoudelijke uitgaven in Europa (1,8%).

Vergelijking met subregio's. De huishoudelijke uitgaven van Zuid-Europa was groter dan in Noord-Europa (US$1,3 biljoen) en in Oost-Europa (US$409,1 miljard); maar minder dan in West-Europa (US$2,6 biljoen). De huishoudelijke uitgaven per hoofd in Zuid-Europa was in Zuid-Europa groter dan in Oost-Europa (US$1.324,5); maar minder dan in West-Europa (US$14,5 duizend) en in Noord-Europa (US$13,8 duizend). De groei van de huishoudelijke uitgaven in Zuid-Europa was groter dan in Oost-Europa (-2,0%); maar minder dan in Noord-Europa (2,7%) en in West-Europa (2,0%).

Leiders. De huishoudelijke uitgaven van Zuid-Europa in de jaren 1990 bestond uit: Italië (55,7%), Spanje (28,0%), Griekenland (6,6%), Portugal (5,4%), Servië (1,4%), en andere (2,8%). Het aandeel van de huishoudelijke uitgaven in BBP van de leiders: Servië (72,6%), Griekenland (67,5%), Portugal (64,8%), Spanje (60,9%) en Italië (59,0%). De huishoudelijke uitgaven per hoofd in Zuid-Europa onder de leiders: Italië ($12.549,6), Spanje ($9.036,0), Griekenland ($7.997,7), Portugal ($6.944,8) en Servië ($1.868,2). De groei van de huishoudelijke uitgaven onder de leiders: Portugal (3,5%), Griekenland (2,7%), Spanje (2,4%), Italië (1,7%) en Servië (-8,0%).

de jaren 2000

De huishoudelijke uitgaven van Zuid-Europa bedroeg in de jaren 2000 US$2,1 biljoen per jaar. Het aandeel in de wereld was 7,5%, en 23,6% in Europa.

Het aandeel van de huishoudelijke uitgaven in het BBP van Zuid-Europa was 60,0% in de jaren 2000, en was vergelijkbaar met de Caraïben (60,1%), Mongolië (60,0%), Afrika (59,9%).

De huishoudelijke uitgaven per hoofd in Zuid-Europa was $13.803,9 in de jaren 2000s, en was vergelijkbaar met Nieuw-Zeeland (US$13,7 duizend), Aruba (US$13,9 duizend), Griekenland (US$14,1 duizend). De huishoudelijke uitgaven per hoofd in Zuid-Europa was in 3,3 keer hoger dan de huishoudelijke uitgaven per hoofd van de bevolking in de wereld ($4.208,2), en was 16,0% hoger dan de huishoudelijke uitgaven per hoofd van de bevolking in Europa ($4.208,2).

De groei van de huishoudelijke uitgaven in Zuid-Europa bedroeg 1.5% in de jaren 2000, en was vergelijkbaar met Zwitserland (1,5%), Puerto Rico (1,5%). De groei van de huishoudelijke uitgaven in Zuid-Europa (1,5%) was minder dan de groei van de huishoudelijke uitgaven in de wereld (3,0%), was minder dan de groei van de huishoudelijke uitgaven in Europa (2,0%).

Vergelijking met subregio's. De huishoudelijke uitgaven van Zuid-Europa was groter dan in Oost-Europa (US$901,7 miljard); maar minder dan in West-Europa (US$3,6 biljoen) en in Noord-Europa (US$2,2 biljoen). De huishoudelijke uitgaven per hoofd in Zuid-Europa was in Zuid-Europa groter dan in Oost-Europa (US$3,0 duizend); maar minder dan in Noord-Europa (US$22,4 duizend) en in West-Europa (US$19,2 duizend). De groei van de huishoudelijke uitgaven in Zuid-Europa was groter dan in West-Europa (1,1%); maar minder dan in Oost-Europa (6,4%) en in Noord-Europa (2,3%).

Leiders. De huishoudelijke uitgaven van Zuid-Europa in de jaren 2000 bestond uit: Italië (50,8%), Spanje (30,7%), Griekenland (7,7%), Portugal (5,9%), Kroatië (1,3%), en andere (3,6%). Het aandeel van de huishoudelijke uitgaven in BBP van de leiders: Griekenland (65,9%), Portugal (64,3%), Kroatië (61,8%), Italië (59,5%) en Spanje (57,9%). De huishoudelijke uitgaven per hoofd in Zuid-Europa onder de leiders: Italië ($18.022,4), Spanje ($14.452,5), Griekenland ($14.133,5), Portugal ($11.540,7) en Kroatië ($6.163,4). De groei van de huishoudelijke uitgaven onder de leiders: Kroatië (3,3%), Griekenland (3,1%), Spanje (2,5%), Portugal (1,3%) en Italië (0,61%).

de jaren 2010

De huishoudelijke uitgaven van Zuid-Europa bedroeg in de jaren 2010 US$2,5 biljoen per jaar. Het aandeel in de wereld was 5,6%, en 21,4% in Europa.

Het aandeel van de huishoudelijke uitgaven in het BBP van Zuid-Europa was 60,9% in de jaren 2010, en was vergelijkbaar met Djibouti (61,0%), Melanesië (61,2%), Italië (60,6%).

De huishoudelijke uitgaven per hoofd in Zuid-Europa was $16.269,8 in de jaren 2010s. De huishoudelijke uitgaven per hoofd in Zuid-Europa was in 2,7 keer hoger dan de huishoudelijke uitgaven per hoofd van de bevolking in de wereld ($6.018,5), en was 4,2% hoger dan de huishoudelijke uitgaven per hoofd van de bevolking in Europa ($6.018,5).

De groei van de huishoudelijke uitgaven in Zuid-Europa bedroeg 0.1% in de jaren 2010. De groei van de huishoudelijke uitgaven in Zuid-Europa (0,15%) was minder dan de groei van de huishoudelijke uitgaven in de wereld (2,8%), was minder dan de groei van de huishoudelijke uitgaven in Europa (1,3%).

Vergelijking met subregio's. De huishoudelijke uitgaven van Zuid-Europa was 42,1% groter dan in Oost-Europa (US$1,8 biljoen); maar 46,8% minder dan in West-Europa (US$4,7 biljoen) en 7,7% minder dan in Noord-Europa (US$2,7 biljoen). De huishoudelijke uitgaven per hoofd in Zuid-Europa was in Zuid-Europa2,7 keer groter dan in Oost-Europa (US$6,0 duizend); maar 37,9% minder dan in Noord-Europa (US$26,2 duizend) en 32,6% minder dan in West-Europa (US$24,2 duizend). De groei van de huishoudelijke uitgaven in Zuid-Europa was minder dan in Oost-Europa (2,7%), in Noord-Europa (1,8%) en in West-Europa (1,3%).

Leiders. De huishoudelijke uitgaven van Zuid-Europa in de jaren 2010 bestond uit: Italië (50,1%), Spanje (31,7%), Griekenland (6,4%), Portugal (5,9%), Kroatië (1,4%), en andere (4,4%). Het aandeel van de huishoudelijke uitgaven in BBP van de leiders: Griekenland (69,0%), Portugal (65,3%), Italië (60,6%), Kroatië (59,8%) en Spanje (58,5%). De huishoudelijke uitgaven per hoofd in Zuid-Europa onder de leiders: Italië ($20.712,3), Spanje ($16.871,4), Griekenland ($14.871,4), Portugal ($14.211,3) en Kroatië ($8.076,7). De groei van de huishoudelijke uitgaven onder de leiders: Kroatië (0,63%), Portugal (0,61%), Spanje (0,45%), Italië (0,099%) en Griekenland (-2,2%).

Hoofdstuk XIV. Voedsel consumptie

Tijdens de onderzoeksperiode groeide de voedselconsumptie in stimulerende middelen (in 2,1 keer), specerijen (met 81,1%), vis (met 50,4%), vlees (met 47,5%), plantaardige oliën (met 33,5%), melk (met 29,8%), noten (met 28,8%), fruit (met 17,7%), eieren (met 5,3%), maar daalde in suiker (met 1,6%), groenten (met 6,1%), peulvruchten (met 19,0%), granen (met 22,7%), alcoholische dranken (met 32,3%), zetmeelrijke wortels (met 32,8%).

Dit zijn de correlatiecoëfficiënten tussen het bni per hoofd van de bevolking in constante prijzen en de voedselconsumptie: stimulerende middelen (0.995), vis (0.988), plantaardige oliën (0.956), noten (0.946), melk (0.917), vlees (0.907), fruit (0.863), specerijen (0.792), eieren (0.314), groenten (-0.041), suiker (-0.294), peulvruchten (-0.529), alcoholische dranken (-0.93), zetmeelrijke wortels (-0.942), granen (-0.967).

de jaren 1970

De consumptie van kcal in Zuid-Europa was 3.274,0 kcal/hoofd/dag in the 1970s, and was on a par with Turkije (3.264,7 kcal/hoofd/dag), Europa (3.283,8 kcal/hoofd/dag), Hongarije (3.289,2 kcal/hoofd/dag). De consumptie van kcal in Zuid-Europa was groter dan in de wereld (2.403,2 kcal/hoofd/dag), en was minder dan in Europa (3.283,8 kcal/hoofd/dag). De structuur van de consumptie: granen (37.2%), plantaardige oliën (13.3%), suiker (9.4%), vlees (7.3%), melk (7.2%), en anderen (25.6%).

De consumptie van eiwitten in Zuid-Europa was 96,6 g/hoofd/dag in the 1970s, and was on a par with Turkije (96,6 g/hoofd/dag). De consumptie van eiwitten in Zuid-Europa was groter dan in de wereld (65,0 g/hoofd/dag), en was minder dan in Europa (98,6 g/hoofd/dag). De structuur van de consumptie: granen (39.1%), vlees (20.6%), melk (13.9%), vis (5.4%), groenten (5.1%), en anderen (15.9%).

De consumptie van vet in Zuid-Europa was 106,6 g/hoofd/dag in the 1970s, and was on a par with Israël (106,9 g/hoofd/dag), Uruguay (107,1 g/hoofd/dag). De consumptie van vet in Zuid-Europa was groter dan in de wereld (55,1 g/hoofd/dag), en was minder dan in Europa (109,6 g/hoofd/dag). De structuur van de consumptie: plantaardige oliën (46.3%), vlees (16.2%), melk (13.4%), granen (4.1%), eieren (2.8%), en anderen (17.2%).

Dit zijn niveaus van voedselconsumptie: melk (167,6 kg/hoofd/jr), granen (165,6 kg/hoofd/jr), groenten (153,6 kg/hoofd/jr), alcoholische dranken (101,3 kg/hoofd/jr), fruit (93,9 kg/hoofd/jr), zetmeelrijke wortels (69,2 kg/hoofd/jr), vlees (56,5 kg/hoofd/jr), suiker (31,7 kg/hoofd/jr), vis (19,4 kg/hoofd/jr), plantaardige oliën (18,0 kg/hoofd/jr), eieren (10,9 kg/hoofd/jr), peulvruchten (6,1 kg/hoofd/jr), noten (5,0 kg/hoofd/jr), stimulerende middelen (3,4 kg/hoofd/jr), specerijen (0,24 kg/hoofd/jr).

de jaren 1980

De consumptie van kcal in Zuid-Europa was 3.351,2 kcal/hoofd/dag in the 1980s, and was on a par with Europa (3.346,9 kcal/hoofd/dag), Duitsland (3.367,5 kcal/hoofd/dag), Oost-Europa (3.369,6 kcal/hoofd/dag). De consumptie van kcal in Zuid-Europa was groter dan in de wereld (2.572,3 kcal/hoofd/dag), en was groter dan in Europa (3.346,9 kcal/hoofd/dag). De structuur van de consumptie: granen (33.6%), plantaardige oliën (14.8%), vlees (9.3%), suiker (9%), melk (7.9%), en anderen (25.4%).

De consumptie van eiwitten in Zuid-Europa was 102,2 g/hoofd/dag in the 1980s, and was on a par with Noord-Amerika (102,3 g/hoofd/dag), Europa (102,3 g/hoofd/dag), Tsjecho-Slowakije (102,0 g/hoofd/dag). De consumptie van eiwitten in Zuid-Europa was groter dan in de wereld (69,1 g/hoofd/dag), en was minder dan in Europa (102,3 g/hoofd/dag). De structuur van de consumptie: granen (34.2%), vlees (24.5%), melk (15.1%), vis (5.8%), groenten (5%), en anderen (15.4%).

De consumptie van vet in Zuid-Europa was 124,2 g/hoofd/dag in the 1980s, and was on a par with Nieuw-Zeeland (123,8 g/hoofd/dag), Zweden (123,6 g/hoofd/dag), de Verenigde Arabische Emiraten (124,9 g/hoofd/dag). De consumptie van vet in Zuid-Europa was groter dan in de wereld (63,2 g/hoofd/dag), en was groter dan in Europa (119,5 g/hoofd/dag). De structuur van de consumptie: plantaardige oliën (45.3%), vlees (18.3%), melk (13.1%), granen (3.3%), eieren (2.6%), en anderen (17.4%).

Dit zijn niveaus van voedselconsumptie: melk (203,0 kg/hoofd/jr), groenten (161,6 kg/hoofd/jr), granen (153,9 kg/hoofd/jr), fruit (99,5 kg/hoofd/jr), alcoholische dranken (96,6 kg/hoofd/jr), vlees (72,9 kg/hoofd/jr), zetmeelrijke wortels (67,2 kg/hoofd/jr), suiker (31,1 kg/hoofd/jr), vis (21,6 kg/hoofd/jr), plantaardige oliën (20,6 kg/hoofd/jr), eieren (11,9 kg/hoofd/jr), peulvruchten (4,9 kg/hoofd/jr), noten (4,9 kg/hoofd/jr), stimulerende middelen (4,3 kg/hoofd/jr), specerijen (0,21 kg/hoofd/jr).

de jaren 1990

De consumptie van kcal in Zuid-Europa was 3.371,0 kcal/hoofd/dag in the 1990s, and was on a par with Zwitserland (3.352,1 kcal/hoofd/dag), West-Europa (3.395,3 kcal/hoofd/dag), Polen (3.345,9 kcal/hoofd/dag). De consumptie van kcal in Zuid-Europa was groter dan in de wereld (2.652,6 kcal/hoofd/dag), en was groter dan in Europa (3.214,0 kcal/hoofd/dag). De structuur van de consumptie: granen (30.4%), plantaardige oliën (16.2%), vlees (10.9%), suiker (8.4%), melk (7.9%), en anderen (26.2%).

De consumptie van eiwitten in Zuid-Europa was 105,4 g/hoofd/dag in the 1990s, and was on a par with Denemarken (105,3 g/hoofd/dag), Australië (104,9 g/hoofd/dag). De consumptie van eiwitten in Zuid-Europa was groter dan in de wereld (72,1 g/hoofd/dag), en was groter dan in Europa (97,9 g/hoofd/dag). De structuur van de consumptie: granen (29.6%), vlees (27%), melk (15.3%), vis (7%), groenten (5%), en anderen (16.1%).

De consumptie van vet in Zuid-Europa was 136,3 g/hoofd/dag in the 1990s, and was on a par with Canada (136,4 g/hoofd/dag), Hongkong (135,7 g/hoofd/dag). De consumptie van vet in Zuid-Europa was groter dan in de wereld (69,0 g/hoofd/dag), en was groter dan in Europa (119,3 g/hoofd/dag). De structuur van de consumptie: plantaardige oliën (45.3%), vlees (19.9%), melk (12.1%), granen (2.7%), eieren (2.3%), en anderen (17.7%).

Dit zijn niveaus van voedselconsumptie: melk (205,6 kg/hoofd/jr), groenten (169,0 kg/hoofd/jr), granen (139,3 kg/hoofd/jr), fruit (113,3 kg/hoofd/jr), alcoholische dranken (88,4 kg/hoofd/jr), vlees (84,0 kg/hoofd/jr), zetmeelrijke wortels (65,1 kg/hoofd/jr), suiker (29,8 kg/hoofd/jr), vis (26,1 kg/hoofd/jr), plantaardige oliën (22,6 kg/hoofd/jr), eieren (11,4 kg/hoofd/jr), peulvruchten (5,5 kg/hoofd/jr), noten (5,5 kg/hoofd/jr), stimulerende middelen (5,4 kg/hoofd/jr), specerijen (0,50 kg/hoofd/jr).

de jaren 2000

De consumptie van kcal in Zuid-Europa was 3.375,0 kcal/hoofd/dag in the 2000s, and was on a par with Noord-Europa (3.368,4 kcal/hoofd/dag), Denemarken (3.367,8 kcal/hoofd/dag), Litouwen (3.383,8 kcal/hoofd/dag). De consumptie van kcal in Zuid-Europa was groter dan in de wereld (2.765,9 kcal/hoofd/dag), en was groter dan in Europa (3.316,3 kcal/hoofd/dag). De structuur van de consumptie: granen (28.9%), plantaardige oliën (16.4%), vlees (11.2%), suiker (8.6%), melk (8.3%), en anderen (26.6%).

De consumptie van eiwitten in Zuid-Europa was 106,9 g/hoofd/dag in the 2000s, and was on a par with Zweden (106,9 g/hoofd/dag), Montenegro (106,8 g/hoofd/dag), Luxemburg (107,4 g/hoofd/dag). De consumptie van eiwitten in Zuid-Europa was groter dan in de wereld (76,5 g/hoofd/dag), en was groter dan in Europa (100,0 g/hoofd/dag). De structuur van de consumptie: granen (27.5%), vlees (27.4%), melk (16.1%), vis (7.9%), groenten (4.7%), en anderen (16.4%).

De consumptie van vet in Zuid-Europa was 140,4 g/hoofd/dag in the 2000s, and was on a par with Duitsland (140,9 g/hoofd/dag), het Verenigd Koninkrijk (139,6 g/hoofd/dag). De consumptie van vet in Zuid-Europa was groter dan in de wereld (76,9 g/hoofd/dag), en was groter dan in Europa (123,9 g/hoofd/dag). De structuur van de consumptie: plantaardige oliën (44.6%), vlees (20%), melk (12.3%), granen (2.7%), noten (2.4%), en anderen (18%).

Dit zijn niveaus van voedselconsumptie: melk (219,6 kg/hoofd/jr), groenten (166,7 kg/hoofd/jr), granen (132,3 kg/hoofd/jr), fruit (125,5 kg/hoofd/jr), vlees (87,6 kg/hoofd/jr), alcoholische dranken (86,9 kg/hoofd/jr), zetmeelrijke wortels (56,7 kg/hoofd/jr), suiker (31,0 kg/hoofd/jr), vis (28,6 kg/hoofd/jr), plantaardige oliën (23,0 kg/hoofd/jr), eieren (11,4 kg/hoofd/jr), stimulerende middelen (6,7 kg/hoofd/jr), noten (6,5 kg/hoofd/jr), peulvruchten (5,3 kg/hoofd/jr), specerijen (0,45 kg/hoofd/jr).

de jaren 2010

De consumptie van kcal in Zuid-Europa was 3.336,3 kcal/hoofd/dag in the 2010s, and was on a par with Rusland (3.340,0 kcal/hoofd/dag), Roemenië (3.340,8 kcal/hoofd/dag), Zuid-Korea (3.323,5 kcal/hoofd/dag). De consumptie van kcal in Zuid-Europa was groter dan in de wereld (2.869,3 kcal/hoofd/dag), en was minder dan in Europa (3.363,0 kcal/hoofd/dag). De structuur van de consumptie: granen (30%), plantaardige oliën (17.3%), vlees (10.7%), suiker (8.7%), melk (8.4%), en anderen (24.9%).

De consumptie van eiwitten in Zuid-Europa was 105,1 g/hoofd/dag in the 2010s, and was on a par with Australië (105,1 g/hoofd/dag), Noord-Europa (105,3 g/hoofd/dag), West-Europa (105,5 g/hoofd/dag). De consumptie van eiwitten in Zuid-Europa was groter dan in de wereld (80,6 g/hoofd/dag), en was groter dan in Europa (102,1 g/hoofd/dag). De structuur van de consumptie: granen (28.6%), vlees (26.7%), melk (16.4%), vis (7.9%), groenten (4.4%), en anderen (16%).

De consumptie van vet in Zuid-Europa was 140,7 g/hoofd/dag in the 2010s, and was on a par with Portugal (140,5 g/hoofd/dag), Oceanië (140,2 g/hoofd/dag), Luxemburg (140,0 g/hoofd/dag). De consumptie van vet in Zuid-Europa was groter dan in de wereld (82,4 g/hoofd/dag), en was groter dan in Europa (128,7 g/hoofd/dag). De structuur van de consumptie: plantaardige oliën (46.4%), vlees (18.7%), melk (12.4%), granen (2.9%), noten (2.3%), en anderen (17.3%).

Dit zijn niveaus van voedselconsumptie: melk (217,6 kg/hoofd/jr), groenten (144,8 kg/hoofd/jr), granen (135,0 kg/hoofd/jr), fruit (110,5 kg/hoofd/jr), vlees (83,4 kg/hoofd/jr), alcoholische dranken (76,5 kg/hoofd/jr), zetmeelrijke wortels (52,1 kg/hoofd/jr), suiker (31,2 kg/hoofd/jr), vis (29,1 kg/hoofd/jr), plantaardige oliën (24,1 kg/hoofd/jr), eieren (11,4 kg/hoofd/jr), stimulerende middelen (7,3 kg/hoofd/jr), noten (6,4 kg/hoofd/jr), peulvruchten (5,1 kg/hoofd/jr), specerijen (0,44 kg/hoofd/jr).

Part V. Reproductie

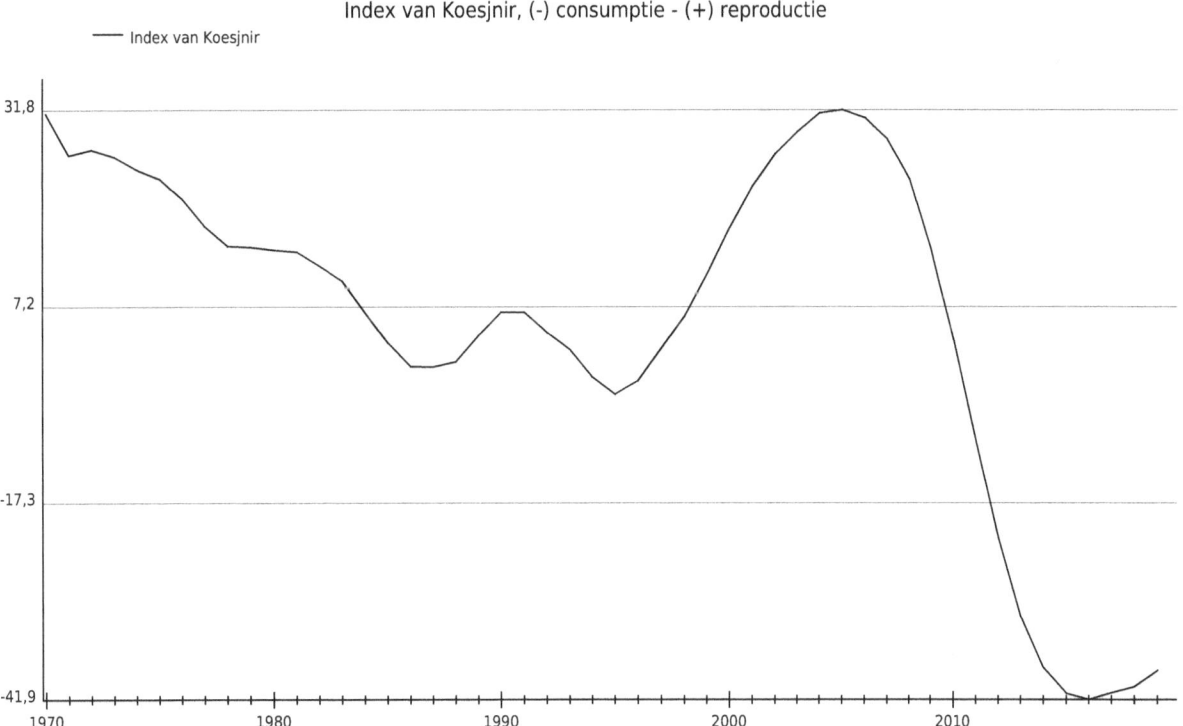

Index van Koesjnir, (-) consumptie - (+) reproductie

Hoofdstuk XV. Bruto-investeringen in vaste activa

De investeringen in vaste activa van Zuid-Europa steeg van US$106,4 miljard per jaar in de jaren 1970 tot US$739,6 miljard per jaar in de jaren 2010, dat wil zeggen met US$633,3 miljard of 7,0 keer. De verandering vond plaats op US$564,8 miljard als gevolg van een 4,2-voudige stijging van de prijzen, en ook op US$52,1 miljard als gevolg van een 1,4-voudige toename van het tarief per hoofd , evenals op US$16,4 miljard als gevolg van de toename van de bevolking. De gemiddelde jaarlijkse groei van de investeringen in vaste activa is 1,5%. De minimumwaarde van de investeringen in vaste activa bedroeg US$50,4 miljard in 1970. De maximumwaarde van de investeringen in vaste activa bedroeg US$1,2 biljoen in 2008.

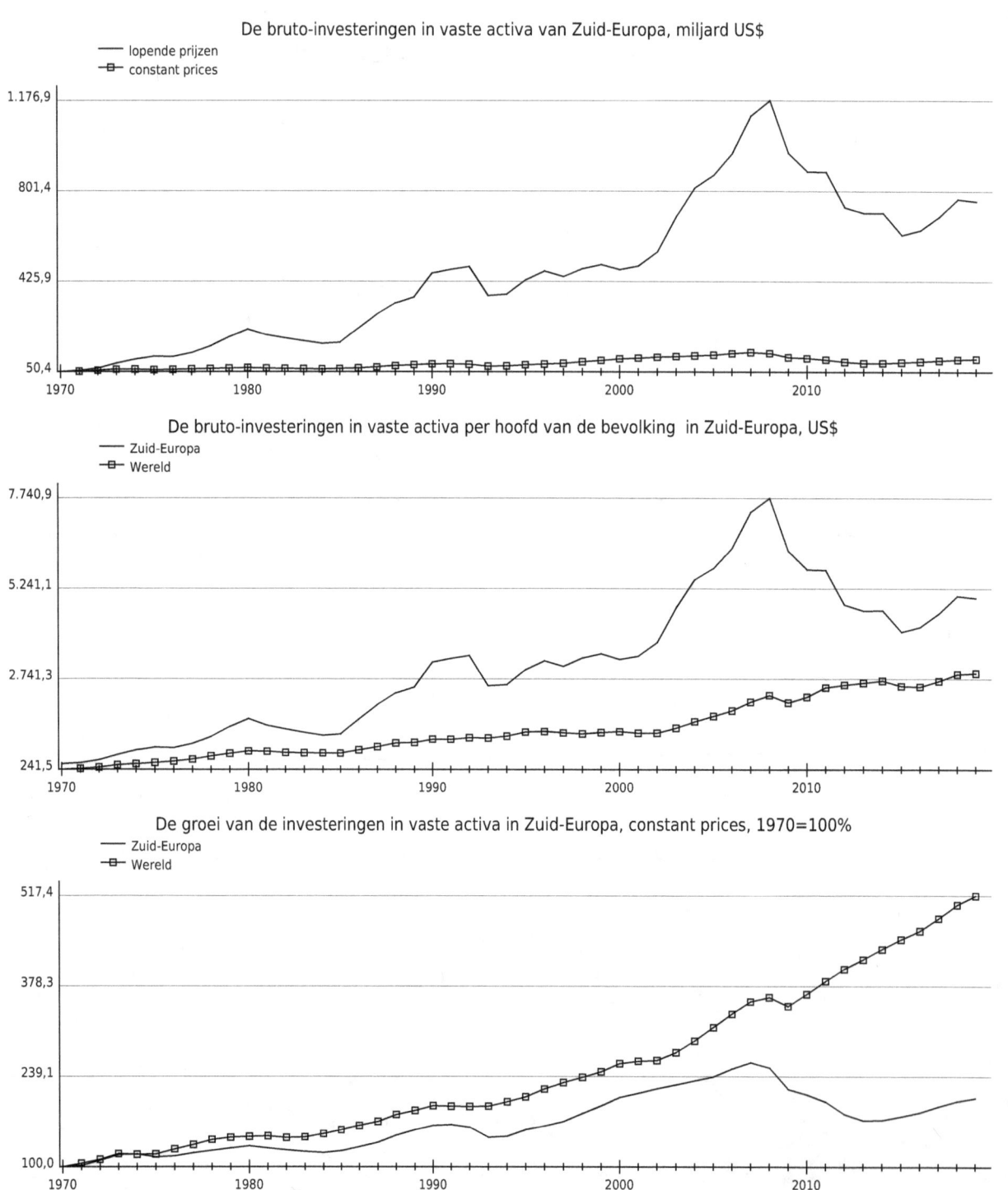

De bruto-investeringen in vaste activa van Zuid-Europa, miljard US$
— lopende prijzen
— constant prices

De bruto-investeringen in vaste activa per hoofd van de bevolking in Zuid-Europa, US$
— Zuid-Europa
— Wereld

De groei van de investeringen in vaste activa in Zuid-Europa, constant prices, 1970=100%
— Zuid-Europa
— Wereld

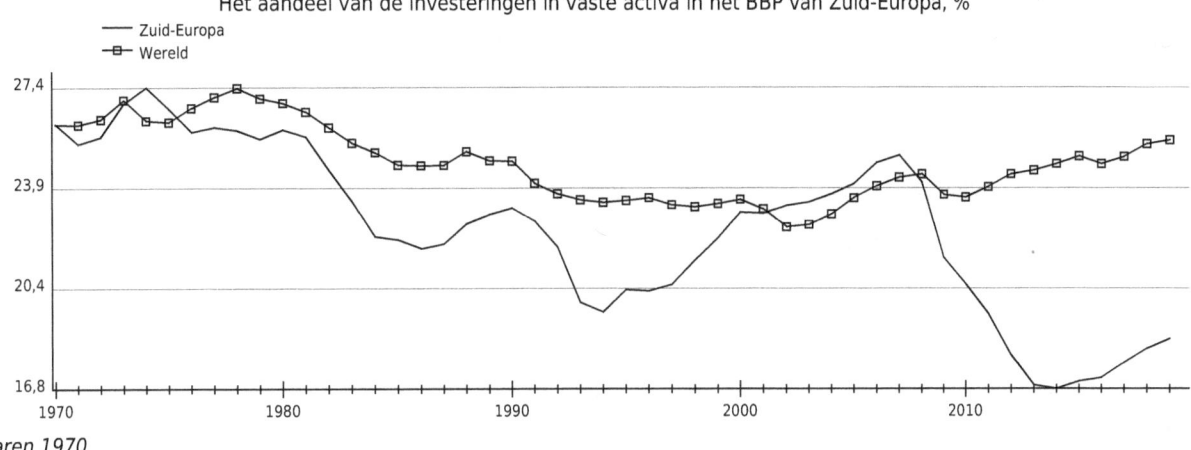

Het aandeel van de investeringen in vaste activa in het BBP van Zuid-Europa, %

de jaren 1970

De bruto-investeringen in vaste activa van Zuid-Europa bedroeg in de jaren 1970 US$106,4 miljard per jaar, en was vergelijkbaar met Noord-Europa (US$106,6 miljard). Het aandeel in de wereld was 6,1%, en 14,4% in Europa.

Het aandeel van de investeringen in vaste activa in het BBP van Zuid-Europa was 26,1% in de jaren 1970, en was vergelijkbaar met de Filipijnen (26,1%), Lesotho (26,2%), Duitsland (26,0%).

De investeringen in vaste activa per hoofd in Zuid-Europa was $802,3 in de jaren 1970s, en was vergelijkbaar met de Turks- en Caicoseilanden (US$796,6). De investeringen in vaste activa per hoofd in Zuid-Europa was 85,1% hoger dan de investeringen in vaste activa per hoofd van de bevolking in de wereld ($433,5), en was 21,2% lager dan de investeringen in vaste activa per hoofd van de bevolking in Europa ($433,5).

De groei van de investeringen in vaste activa in Zuid-Europa bedroeg 2.8% in de jaren 1970, en was vergelijkbaar met Australazië (2,8%). De groei van de investeringen in vaste activa in Zuid-Europa (2,8%) was minder dan de groei van de investeringen in vaste activa in de wereld (4,2%), was groter dan de groei van de investeringen in vaste activa in Europa (2,4%).

Vergelijking met subregio's. De investeringen in vaste activa van Zuid-Europa was minder dan in West-Europa (US$277,6 miljard), in Oost Europa (US$248,0 miljard) en in Noord-Europa (US$106,6 miljard). De bruto-investeringen in vaste activa per hoofd in Zuid-Europa was in Zuid-Europa groter dan in Oost-Europa (US$725,9); maar minder dan in West-Europa (US$1.633,0) en in Noord-Europa (US$1.311,5). De groei van de investeringen in vaste activa in Zuid-Europa was groter dan in West-Europa (1,7%) en in Noord-Europa (1,6%); maar minder dan in Oost-Europa (3,7%).

Leiders. De bruto-investeringen in vaste activa van Zuid-Europa in de jaren 1970 bestond uit: Italië (51,4%), Spanje (25,1%), Joegoslavië (9,8%), Griekenland (8,2%), Portugal (4,6%). Het aandeel van de investeringen in vaste activa in BBP van de leiders: Joegoslavië (30,8%), Griekenland (30,6%), Portugal (28,1%), Spanje (25,1%) en Italië (25,1%). De investeringen in vaste activa per hoofd in Zuid-Europa onder de leiders: Italië ($993,3), Griekenland ($971,6), Spanje ($748,7), Portugal ($530,8) en Joegoslavië ($493,7). De groei van de investeringen in vaste activa onder de leiders: Joegoslavië (8,6%), Griekenland (4,9%), Portugal (3,2%), Italië (2,2%) en Spanje (1,7%).

de jaren 1980

De bruto-investeringen in vaste activa van Zuid-Europa bedroeg in de jaren 1980 US$235,2 miljard per jaar, en was vergelijkbaar met Duitsland (US$238,1 miljard). Het aandeel in de wereld was 6,2%, en 17,5% in Europa.

Het aandeel van de investeringen in vaste activa in het BBP van Zuid-Europa was 23,1% in de jaren 1980, en was vergelijkbaar met Antigua en Barbuda (23,2%), Swaziland (23,1%), de Salomonseilanden (23,0%).

De bruto-investeringen in vaste activa per hoofd in Zuid-Europa was $1.664,7 in de jaren 1980s, en was vergelijkbaar met Libië (US$1.684,5). De bruto-investeringen in vaste activa per hoofd in Zuid-Europa was in 2,1 keer hoger dan de investeringen in vaste activa per hoofd van de bevolking in de wereld ($790,9), en was 4,8% lager dan de investeringen in vaste activa per hoofd van de bevolking in Europa ($790,9).

De groei van de investeringen in vaste activa in Zuid-Europa bedroeg 2% in de jaren 1980. De groei van de investeringen in vaste activa in Zuid-Europa (2,0%) was minder dan de groei van de investeringen in vaste activa in de wereld (2,5%), was minder dan de groei van de investeringen in vaste activa in Europa (2,2%).

Vergelijking met subregio's. De investeringen in vaste activa van Zuid-Europa was minder dan in West-Europa (US$537,0 miljard), in Oost-Europa (US$327,0 miljard) en in Noord-Europa (US$242,8 miljard). De bruto-investeringen in vaste activa per hoofd in Zuid-Europa was in Zuid-Europa groter dan in Oost-Europa (US$883,4); maar minder dan in West-Europa (US$3,1 duizend) en in Noord-Europa (US$2,9 duizend). De groei van de investeringen in vaste activa in Zuid-Europa was groter dan in Oost-Europa (1,5%); maar minder dan in Noord-Europa (3,7%) en in West-Europa (2,1%).

Leiders. De investeringen in vaste activa van Zuid-Europa in de jaren 1980 bestond uit: Italië (57,7%), Spanje (24,3%), Joegoslavië (6,7%), Griekenland (6,2%), Portugal (4,5%). Het aandeel van de investeringen in vaste activa in BBP van de leiders: Portugal (28,0%), Griekenland (25,0%), Italië (22,9%), Spanje (22,7%) en Joegoslavië (22,5%). De bruto-investeringen in vaste activa per hoofd in Zuid-Europa onder de leiders: Italië ($2.387,9), Spanje ($1.483,8), Griekenland ($1.480,5), Portugal ($1.072,8) en Joegoslavië ($691,0). De groei van de investeringen in vaste activa onder de leiders: Spanje (4,7%), Portugal (3,0%), Italië (2,4%), Griekenland (-3,0%) en Joegoslavië (-7,3%).

de jaren 1990

De investeringen in vaste activa van Zuid-Europa bedroeg in de jaren 1990 US$448,4 miljard per jaar. Het aandeel in de wereld was 6,6%, en 20,9% in Europa.

Het aandeel van de investeringen in vaste activa in het BBP van Zuid-Europa was 21,2% in de jaren 1990, en was vergelijkbaar met de Verenigde Staten (21,2%), IJsland (21,1%), Dominica (21,3%).

De bruto-investeringen in vaste activa per hoofd in Zuid-Europa was $3.111,8 in de jaren 1990s, en was vergelijkbaar met Nieuw-Zeeland (US$3,2 duizend). De bruto-investeringen in vaste activa per hoofd in Zuid-Europa was in 2,6 keer hoger dan de investeringen in vaste activa per hoofd van de bevolking in de wereld ($1.183,8), en was 5,3% hoger dan de investeringen in vaste activa per hoofd van de bevolking in Europa ($1.183,8).

De groei van de investeringen in vaste activa in Zuid-Europa bedroeg 2.1% in de jaren 1990, en was vergelijkbaar met Gambia (2,1%). De groei van de investeringen in vaste activa in Zuid-Europa (2,1%) was minder dan de groei van de investeringen in vaste activa in de wereld (2,8%), was groter dan de groei van de investeringen in vaste activa in Europa (0,024%).

Vergelijking met subregio's. De investeringen in vaste activa van Zuid-Europa was groter dan in Noord-Europa (US$419,7 miljard) en in Oost-Europa (US$181,8 miljard); maar minder dan in West-Europa (US$1,1 biljoen). De bruto-investeringen in vaste activa per hoofd in Zuid-Europa was in Zuid-Europa groter dan in Oost-Europa (US$588,6); maar minder dan in West-Europa (US$6,1 duizend) en in Noord-Europa (US$4,5 duizend). De groei van de investeringen in vaste activa in Zuid-Europa was groter dan in Noord-Europa (1,9%) en in Oost-Europa (-10,5%); maar minder dan in West-Europa (2,2%).

Leiders. De investeringen in vaste activa van Zuid-Europa in de jaren 1990 bestond uit: Italië (54,3%), Spanje (30,2%), Griekenland (6,3%), Portugal (6,0%), Slovenië (0,96%), en andere (2,2%). Het aandeel van de investeringen in vaste activa in BBP van de leiders: Portugal (25,1%), Slovenië (23,7%), Spanje (23,0%), Griekenland (22,2%) en Italië (20,1%). De bruto-investeringen in vaste activa per hoofd in Zuid-Europa onder de leiders: Italië ($4.267,2), Spanje ($3.411,9), Portugal ($2.692,0), Griekenland ($2.635,9) en Slovenië ($2.154,6). De groei van de investeringen in vaste activa onder de leiders: Slovenië (6,0%), Portugal (5,5%), Griekenland (4,2%), Spanje (3,2%) en Italië (1,2%).

de jaren 2000

De bruto-investeringen in vaste activa van Zuid-Europa bedroeg in de jaren 2000 US$809,6 miljard per jaar. Het aandeel in de wereld was 7,4%, en 24,1% in Europa.

Het aandeel van de investeringen in vaste activa in het BBP van Zuid-Europa was 23,6% in de jaren 2000, en was vergelijkbaar met Portugal (23,6%), Oostenrijk (23,6%), Litouwen (23,6%).

De investeringen in vaste activa per hoofd in Zuid-Europa was $5.436,7 in de jaren 2000s, en was vergelijkbaar met Koeweit (US$5,4 duizend), Nieuw-Zeeland (US$5,5 duizend), Zuid-Korea (US$5,3 duizend). De investeringen in vaste activa per hoofd in Zuid-Europa was in 3,2 keer hoger dan de investeringen in vaste activa per hoofd van de bevolking in de wereld ($1.690,7), en was 18,4% hoger dan de investeringen in vaste activa per hoofd van de bevolking in Europa ($1.690,7).

De groei van de investeringen in vaste activa in Zuid-Europa bedroeg 1.2% in de jaren 2000. De groei van de investeringen in vaste activa in Zuid-Europa (1,2%) was minder dan de groei van de investeringen in vaste activa in de wereld (3,5%), was minder dan de groei van de investeringen in vaste activa in Europa (1,6%).

Vergelijking met subregio's. De bruto-investeringen in vaste activa van Zuid-Europa was groter dan in Noord-Europa (US$726,5 miljard) en in Oost-Europa (US$382,8 miljard); maar minder dan in West-Europa (US$1,4 biljoen). De bruto-investeringen in vaste activa per hoofd in Zuid-Europa was in Zuid-Europa groter dan in Oost-Europa (US$1.281,6); maar minder dan in West-Europa (US$7,7 duizend) en in Noord-Europa (US$7,6 duizend). De groei van de investeringen in vaste activa in Zuid-Europa was groter dan in West-Europa (0,65%); maar minder dan in Oost-Europa (7,2%) en in Noord-Europa (1,4%).

Leiders. De bruto-investeringen in vaste activa van Zuid-Europa in de jaren 2000 bestond uit: Italië (45,9%), Spanje (37,0%), Griekenland (7,0%), Portugal (5,5%), Kroatië (1,4%), en andere (3,3%). Het aandeel van de investeringen in vaste activa in BBP van de leiders: Spanje (27,5%), Kroatië (25,5%), Griekenland (23,7%), Portugal (23,6%) en Italië (21,2%). De bruto-investeringen in vaste activa per hoofd in Zuid-Europa onder de leiders: Spanje ($6.849,4), Italië ($6.411,6), Griekenland ($5.087,9), Portugal ($4.241,9) en Kroatië ($2.541,7). De groei van de investeringen in vaste activa onder de leiders: Kroatië (5,8%), Griekenland (2,2%), Spanje (2,1%), Italië (0,59%) en Portugal (-1,1%).

de jaren 2010

De bruto-investeringen in vaste activa van Zuid-Europa bedroeg in de jaren 2010 US$739,6 miljard per jaar, en was vergelijkbaar met Duitsland (US$752,5 miljard), Zuidwest-Azië (US$758,3 miljard). Het aandeel in de wereld was 3,8%, en 17,2% in Europa.

Het aandeel van de investeringen in vaste activa in het BBP van Zuid-Europa was 18,1% in de jaren 2010, en was vergelijkbaar met Italië (18,1%), Gambia (18,1%), de Centraal-Afrikaanse Republiek (18,0%).

De bruto-investeringen in vaste activa per hoofd in Zuid-Europa was $4.835,4 in de jaren 2010s, en was vergelijkbaar met Panama (US$4,8 duizend), Curaçao (US$4,8 duizend), Estland (US$4,9 duizend). De bruto-investeringen in vaste activa per hoofd in Zuid-Europa was 84,5% hoger dan de investeringen in vaste activa per hoofd van de bevolking in de wereld ($2.621,1), en was 16,3% lager dan de investeringen in vaste activa per hoofd van de bevolking in Europa ($2.621,1).

De groei van de investeringen in vaste activa in Zuid-Europa bedroeg -0.6% in de jaren 2010. De groei van de investeringen in vaste activa in Zuid-Europa (-0,63%) was minder dan de groei van de investeringen in vaste activa in de wereld (4,1%), was minder dan de groei van de investeringen in vaste activa in Europa (2,2%).

Vergelijking met subregio's. De bruto-investeringen in vaste activa van Zuid-Europa was 6,6% groter dan in Oost-Europa (US$694,0 miljard); maar 2,6 keer minder dan in West-Europa (US$1,9 biljoen) en 20,8% minder dan in Noord-Europa (US$933,7 miljard). De bruto-investeringen in vaste activa per hoofd in Zuid-Europa was in Zuid-Europa 2,1 keer groter dan in Oost-Europa (US$2,4 duizend); maar 2,1 keer minder dan in West-Europa (US$10,0 duizend) en 46,7% minder dan in Noord-Europa (US$9,1 duizend). De groei van de investeringen in vaste activa in Zuid-Europa was minder dan in Noord-Europa (4,1%), in West-Europa (2,4%) en in Oost-Europa (2,2%).

Leiders. De investeringen in vaste activa van Zuid-Europa in de jaren 2010 bestond uit: Italië (50,3%), Spanje (34,7%), Portugal (5,2%), Griekenland (3,8%), Kroatië (1,6%), en andere (4,5%). Het aandeel van de investeringen in vaste activa in BBP van de leiders: Kroatië (20,1%), Spanje (19,0%), Italië (18,1%), Portugal (16,9%) en Griekenland (12,1%). De investeringen in vaste activa per hoofd in Zuid-Europa onder de leiders: Italië ($6.178,8), Spanje ($5.479,1), Portugal ($3.685,8), Kroatië ($2.707,6) en Griekenland ($2.604,0). De groei van de investeringen in vaste activa onder de leiders: Kroatië (0,19%), Spanje (0,13%), Portugal (-0,51%), Italië (-0,72%) en Griekenland (-8,3%).